Jean-Claude Parfait Ekomi Aboue

Bataille Spirituelle

Jean-Claude Parfait Ekomi Aboue

Bataille Spirituelle

L'Art du Combat Spirituel III

Éditions Croix du Salut

Imprint
Any brand names and product names mentioned in this book are subject to trademark, brand or patent protection and are trademarks or registered trademarks of their respective holders. The use of brand names, product names, common names, trade names, product descriptions etc. even without a particular marking in this work is in no way to be construed to mean that such names may be regarded as unrestricted in respect of trademark and brand protection legislation and could thus be used by anyone.

Cover image: www.ingimage.com

Publisher:
Éditions Croix du Salut
is a trademark of
Dodo Books Indian Ocean Ltd., member of the OmniScriptum S.R.L Publishing group
str. A.Russo 15, of. 61, Chisinau-2068, Republic of Moldova Europe
Printed at: see last page
ISBN: 978-620-3-84246-3

BATAILLE SPIRITUELLE
OU
L'ART DU COMBAT SPIRITUELLE III

Prélude

Il m'a semblé bon, de poursuivre l'écriture sur ce thème du Combat Spirituelle en accord avec les multiples révélations, qui me fusaient l'esprit. Les réussites, et victoires spirituelles que j'enregistrais, m'ont convaincu, de le partager avec le plus grand nombre. Je dirais que le Saint-Esprit m'a convaincu de le faire après un long temps.

C'est que, les combats sont si rudes et acharnés pour moi, depuis que par la grâce de Dieu, j'ai eu le soin de me plonger dans l'étude du monde spirituel, en conformité avec la volonté de Dieu notre très cher Père et de notre Seigneur Jésus qui ne se plait guère à la condition spirituelle de Son peuple (de Son Eglise) que le temps vient quelque fois à me manquer, en ce qui concerne l'écriture.

C'est donc dans le souci de rendre accessible à tous cette compréhension du monde spirituel, que nous avons le plaisir de vous offrir ce livre intitulé : **Bataille Spirituelle ou l'Art du Combat Spirituel III** dernier de la série.

Puissiez-vous franchir les murailles et posséder dès à présent les portes de vos ennemis, telle est ma prière pour vous, dans le Nom précieux de **Yeshua Ha Mashia**.

Daniel.

INTRODUCTION

L'une des choses les plus essentielles, après notre salut et le fait de recevoir le Saint-Esprit, est de devenir spirituel.

L'homme spirituel jugeant de tout, et étant lui-même dans l'impossibilité d'être jugé par un homme animal, loin de l'intimité de notre Seigneur Jésus ; la communion du Saint-Esprit lui permettant d'apprécier et comprendre les évènements d'une manière objective : avec le regard de notre Seigneur Jésus.

Ainsi, ce troisième opus de l'Art du combat spirituel, vient nous permettre d'apprécier la faveur de Dieu notre Père : d'avoir reçu Jésus pour Seigneur de nos vies. Et combien Sa parole reste effective, même, durant ces temps de la fin.

Car, à Dieu, seul Seigneur, soit la puissance, l'honneur et la gloire aux siècles des siècles. Amen !

LA PUISSANCE DE DIEU AU SERVICE DE SA VOLONTE

La Juridiction Céleste

De toutes les organisations administratives existantes, la plus grande de toutes est l'organisation divine (céleste). Aucune organisation quelle qu'elle soit ou fut, n'a de prééminence sur le Royaume des Cieux et Sa Juridiction ; tout ce qui existe étant régit par les lois et décrets divins. Rien ne peut outrepasser les limites assignées par la Parole de Dieu à toute la Création.

Et, pour marquer son autorité et l'imposer en tout lieu, il a plu à Dieu notre Père, après le triomphe de la Croix, de souverainement élevé au-dessus de tout autre nom, le Nom de Jésus. Afin de marquer, Son règne, et de célébrez Sa divine puissance au-travers du Nom de Son Fils : **YESHUA HA MASHIA,** dans tous les siècles et âges et de montrer Sa supériorité sur tout ce qui existe.

Philippiens 2 : 9-10 *« C'est pourquoi aussi Dieu L'a souverainement élevé, et Lui a donné le Nom qui est au-dessus de tout nom.*

Afin qu'au Nom de Jésus tout genou fléchisse dans les Cieux, sur la Terre,

Et que toute langue confesse que Jésus-Christ est Seigneur, à la gloire de Dieu le Père. » **Louis Segond**.

Oui, le règne de Dieu est au-dessus de tous les règnes. La Juridiction Céleste est supérieure à toute autre juridiction.

Oui, rien ne surpasse le Nom de Jésus. Il traduit parfaitement l'autorité de Dieu sur toute Sa création. Il traduit parfaitement l'immensité et la grandeur de notre Dieu.

Oui,

Actes 4 : 10-12 *« Sachez-le tous, et que tout le Peuple d'Israël le sache ! C'est par le Nom de Jésus-Christ de Nazareth, que vous avez crucifié, c'est par Lui que cet homme se présente en pleine santé devant vous.*

Jésus est la Pierre rejetée par vous qui bâtissez, et qui est devenue la principale de l'angle.

Il n'y a de salut en aucun autre ; car il n'y a sous le Ciel aucun autre nom qui ait été donné parmi les hommes, par lequel nous devions être sauvés. » **Louis Segond**.

A Lui soit la gloire pour toujours et dans tous les siècles. Amen !

Il est très important de comprendre la puissance et l'Autorité derrière le Nom de Jésus. La Juridiction Céleste mis en place derrière la mention de ce Nom est telle que l'ennemi n'a que peu de possibilité de vaincre un fils du Royaume des Cieux.

Car, Il a plu à la Divinité d'habiter pleinement et entièrement dans le Nom de Jésus ; Dieu se tenant derrière ce Nom, pour exercer le droit et la justice et secourir tous ceux qui espèrent en Lui, en Sa bonté, Sa divine puissance et Sa grande fidélité.

Il n'y a pas de meilleur abri que le Nom de Jésus. Il n'y a pas sécurité et espérance si ce n'est en Jésus seul Maître et Seigneur de l'Univers.

Vous avez uniquement besoin de savoir et comprendre les réalités spirituelles, pour invoquer avec efficacité le Nom de Jésus.

Romains 10 : 13 *Car, quiconque invoquera le Nom du Seigneur sera sauvé.* **Bible détaillée**.

La puissance de Dieu n'a pas d'égale, si dans Sa grâce le Seigneur Jésus vous permet de l'expérimenter, vous saurez non seulement quel Dieu tout puissant vous servez. Mais aussi, que vous n'avez aucune raison de craindre l'ennemi ; quoiqu'une certaine dimension de puissance soit toujours liée à une intimité et maturité assez élevées dans la foi.

PACTE AVEC L'ENNEMI

Beaucoup de frères et sœurs dans la foi, l'ignore mais, ils sont en pacte avec Lucifer et ses démons. Et ce sont ses pactes, qui leurs causent énormément de problèmes dans leur quotidien.

S'il est vrai que tout le monde peut constituer des portes d'accès dans nos vies, il n'en demeure pas moins que le moyen par excellence pour le concrétiser est la ruse ; moyen par lequel, nos droits sont conférés à celui ou celle qui nous aurait eu à ce petit jeu. Du fait, de la Juridiction Céleste qui respecte les limites et les positions de pensées des uns et des autres, la personne se retrouverait dans les mailles de Satan. Selon, les arrêtés du royaume des ténèbres derrière cette ruse.

Arrêtons-nous sur les cas d'Adam et Eve et celui de Jacob et Esaü, pour en comprendre mieux le sens.

Dans le Premier cas cité, Satan n'a jamais dit à Adam et Eve qu'ils deviendraient ses serviteurs à l'issu de leur acte. Et, eux dans leur innocence ont mangé du fruit que leur a tendu le serpent. Et ce malgré leur innocence, ils ont été engloutis dans ce pacte, avec eux tous les hommes. Ils étaient devenus inconsciemment ou pas serviteur du Diable. Et leur quotidien en a pâti. Quoique Dieu fut attristé de la situation, n'en demeure pas moins qu'IL n'a pu faire autre chose que de les expulser du jardin : à cause de Sa Parole. Et d'attendre le plan salvateur mis en place derrière le Seigneur Jésus.

Ainsi par la ruse, il s'était établit maître de leurs vies. Quoique cela n'était guère leur volonté ou souhait. Mais, ils étaient tombés dans les mailles de son filet.

Genèse 3 : 1 *Le serpent était le plus rusé de tous les animaux des champs que l'Eternel Dieu avait faits. Il dit à la femme : Dieu a-t-IL réellement dit : vous ne mangerez pas de tous les arbres du jardin* ? **Louis Segond**.

Dans le cas de notre Patriarche Jacob, il a obtenu par un accord qui semblait des plus banals, la primauté sur Esaü. Quoiqu'Esaü n'en mesura pas l'étendue de son acte, n'en demeure pas moins qu'il s'était condamné par cet acte : « **un simple repas** ».

Et la Bible nous l'enseigne,

Hébreux 12 : 15-17 *« Veuillez à ce que nul ne se prive de la grâce de Dieu ; à ce qu'aucune racine d'amertume, poussant des rejetons, ne produise du trouble, et que plusieurs n'en soient infectés ;*

A ce qu'il n'y ait ni impudique, ni profane comme Esaü, qui pour un mets vendit son droit d'aînesse.

Vous savez que, plus-tard, voulant obtenir la bénédiction, il fut rejeté, quoiqu'il la sollicitât avec larmes ; car son repentir ne put avoir aucun effet. » **Louis Segond**.

Par la ruse de notre Patriarche Jacob, Esaü s'était vu priver du droit d'aînesse, bien qu'Esaü dans un premier temps avait évalué son droit d'aînesse à un plat de lentille. Au sortir de son acte, ils s'était vu déposséder spirituellement de son droit d'aînesse ; importe qu'il le savait ou pas. Et, le royaume des ténèbres agit ainsi, à l'égard de tous, pour s'adjuger des droits dans nos vies au travers des hommes, femmes ou enfants.

Par un présent empoisonné, par un repas, par l'utilisation d'un habit, d'une chaussure, photo etc...Il est possible de déposséder quelqu'un de ses grâces. C'est le moyen le plus usuel, qu'utilise les fils des ténèbres, pour rendre la vie des enfants de Dieu aussi misérable. Ils savent œuvrer en collaboration avec des démons pour y parvenir. Pendant que nous, ne savons même pas comment collaborer avec le Saint-Esprit, et les saints anges. Et que parfois le souci du siècle présent, nous conduit à oublier notre premier amour et combattre comme des vaillants guerriers de l'Eternel des Armées, ce Dieu fort et redoutable.

Il est temps d'être attentionné à nos pas, à notre vie, nos rencontres, nos paroles, nos accords, ce que nous faisons. La vie est avant tout spirituelle. Et seuls les hommes spirituels dominent ou règne sur la Terre. Cela n'est pas le fruit d'un heureux hasard. C'est le fait qu'ils savent opérer spirituellement, c'est la condition sine qua non, après avoir reçu le Seigneur **Yeshua** et **le Saint-Esprit**, le seul moyen de vivre en triomphe sur cette Terre. Devenir spirituel est une obligation, un impératif pour tout enfant de Dieu. Sans quoi, vous seriez détruit. Evidemment :

Osée 4 : 6 (a) *« Mon Peuple est détruit parce qu'il lui manque la connaissance »* **Louis Segond**.

On n'est pas détruit parce que le Diable. On est détruit non pas à cause du manque d'implication de Dieu notre Père ou de notre Seigneur Jésus. On est détruit du fait, de notre responsabilité de ne pas être devenu spirituel et d'avoir crucifié la chair et ses passions.

Or, être spirituel c'est parvenir à reconnaitre la Voix du Bon Berger et de suivre (obéir) à sa Voix ; à pouvoir être conduit par le Saint-Esprit.

Tant que nous n'y parvenions pas, nous sommes malheureusement sous la domination des occultistes, et ce malgré le fait que notre Dieu, Jésus-Christ, règne aux siècles des siècles.

Galates 4 : 1 *« Or, aussi longtemps que l'héritier est enfant, je dis qu'il ne diffère en rien d'un esclave, quoiqu'il soit le maître de tout. »* **Louis Segond**.

Le problème n'est pas Jésus. Devenons spirituel, là est notre responsabilité avec l'aide du Saint-Esprit.

Job 32 : 8 *« Mais, en réalité, dans l'homme, c'est l'esprit, le souffle du Tout-Puissant, qui donne l'intelligence ; »* **Louis Segond**.

Ce qui met en mouvement la carapace que nous portons, c'est l'esprit. Dès lors cet esprit quitte ce corps, de manière définitive que nous déclarons la personne morte ; *« En réalité dans l'homme c'est l'esprit »*. Devenir spirituel n'est pas une option pour un enfant de Dieu, mais une obligation, pour chacun de nous.

Témoignage

Un jour alors que j'habitais encore chez mon oncle, ma tante malade, était atteinte d'un cancer. Après quelques consultations chez un médecin, il avait été décidé qu'elle serait admise pour une chimiothérapie ; procédé qui nécessite l'utilisation de sang.

C'est ainsi que, mon oncle m'avait demandé s'il était possible de trouver des donneurs dans mon assemblée. L'idée de demander la possibilité aux frères ou sœurs dans la foi, de nous aider ne m'emballât pas. Je me proposai de le faire, et certains cousins et cousines se proposèrent également.

Problème

Après ce don de mon sang, à cette structure, il s'est avéré qu'au bout de quelques jours, j'étais soumis à de telles attaques, où, j'étais transpercé non pas en songe, mais physiquement en plein éveil, mon sang bouillonnait, ce, pendant plus de trois ans, de 2018-2021. La vie était une punition et je faisais énormément d'erreur, sinon de fautes spirituelles.

Le royaume des ténèbres avait eu la primauté sur ma vie, bien que Jésus ne m'avait point abandonné, il fallait pour moi, utiliser la connaissance de la Parole, pour mettre en mouvement Sa puissance dans ma vie. Je pouvais attendre pendant plus de, soixante ans même ; aussi longtemps que je ne me levais pas dans le combat, avec une connaissance et compréhension éclairées je n'aurai pu, en sortir.

Dans tout cela, j'ai bien vite compris que la personne qui était entré en possession de mon sang était une occultiste. Et, elle s'était servie de mon sang, pour m'introduire dans tout type de milieu démoniaque. Evidemment, la vie de tout homme et dans son sang. Le sang représente l'âme de chaque être vivant. ***Cf Lévitique 17 : 14***.

Ce n'était vraiment pas la joie. J'ai dû enter dans des décrets et lois spirituelles contre ce groupe d'occultistes.

LES ROIS DE LA TERRE ONT PERDU LA TETE

Psaumes 14 : 4 *Tous ceux qui commettent l'iniquité ont-ils perdu le sens ? Ils dévorent Mon peuple, ils le prennent pour nourriture ; ils n'invoquent point l'Eternel.* **Louis Segond**.

Témoignage

Un jour alors que je dormais je fis cette vision. « Je vis dans ma vision trois personnes deux hommes et une femme que, je dirais appartenir au Seigneur Jésus. Dans la vision, il me semblait que l'un des deux à savoir le chef était marié à la femme. Ils étaient tous trois réunis au sommet d'une colline, quand, soudain apparurent trois hommes venant les agresser.

Les chefs des troupes bataillaient entre eux, ainsi que les quatre autres. La femme fut maitrisée par son adversaire. Et le mari de cette femme qui conduisait la troupe parvint, lui de son côté à neutraliser le chef des bandits. Chacun de son côté menaçait de tuer son prisonnier. Ils parvinrent à un accord, pousser leur prisonnier respectif vers l'avant. Le mari de la dame sachant, les trames de l'ennemi décida de pousser violement le chef des assaillants vers, celui qui retenait prisonnière sa femme.

Aussitôt, il relâcha la femme de ce dernier se concentrant sur son chef, et sautèrent tous dans un fleuve (bandits).

En me rapprochant du fleuve dans la vision, je puis voir, des silhouettes de crocodiles, pensant qu'ils devaient se faire manger par ces monstres marins. Quand soudain, ils se changèrent tous en chevaux. Et là, des milliers de chevaux pouvaient sortir de ce fleuve et se diriger sur la terre ferme.

Sur la terre ferme j'aperçu une troupe de lions marchant à la queue le-le, les chevaux se dressèrent en ordre de bataille contre les lions. Et les lions ramassèrent des pierres, pour se défendre. Puis je me réveillais.

A mon réveil, j'entendis le Seigneur me dire : *« c'est ainsi que Mon Peuple se comporte devant les agressions de ses ennemis »*.

Evidemment, un lion ça ne ramasse pas les cailloux devant, des chevaux. Ils bondissent sur eux et les exterminent.

David de nous dire

I Samuel 17 : 34-36 *Ton serviteur faisait paître les brebis de son père. Et quand le lion ou un ours venaient en enlever une du troupeau*

Je courais après lui, je le frappais, et j'arrachais la brebis de sa gueule. S'il se dressait contre moi, je le saisissais par la gorge, je le frappais, et je le tuais.

C'est ainsi que ton serviteur a terrassé le lion et l'ours et il en sera du Philistin, de cet incirconcis, comme de l'un deux, car il a insulté l'armée du Dieu vivant. **Bible détaillée**.

Il ne laissait pas le lion et l'ours manger et déchiqueter les brebis. Il les arrachait de leurs gueules. Et elles échappaient à la mort et vivaient. Il ne laissait pas passer ces outrages faîtes à l'encontre du Dieu d'Israël, il faisait taire ces incirconcis. Et donnait gloire au Nom de son Dieu.

Car, il n'était nullement concevable dans sa pensée, qu'un philistin puisse se jouer de l'Armée du Dieu vivant. Il y a de l'ordre à remettre dans nos vies. Il y a un silence à imposer à l'ennemi de nos âmes. Il y a suffisamment de puissance dans le Nom de Jésus pour le faire.

Psaumes 8 : 3 *Par la bouche des enfants et de ceux qui sont à la mamelle Tu as fondé Ta gloire, pour confondre Tes adversaires, pour imposer silence à l'ennemi et au vindicatif.* **Louis Segond**.

FAUSSE INTERPRETATION DE LA PAROLE DE DIEU

Matthieu 5 : 44 *Mais Moi, Je vous dis : Aimez vos ennemis, bénissez ceux qui vous maudissent, faîtes du bien à ceux qui vous haïssent, et priez pour ceux qui vous maltraitent et qui vous persécutent* **Louis Segond**.

Luc 9 : 55 *Jésus se tourna vers eux, et les réprimanda, disant : vous ne savez de quel esprit vous êtes animés*. **Louis Segond**.

Ta parole nous éclaire Seigneur Jésus. Dans ces histoires de batailles spirituelles, il nous faudrait considérer deux points : Les rapports physiques et les rapports spirituels que nous entretenons avec nos prochains.

Les rapports physiques n'influencent guère, la destinée d'un frère ou d'une sœur à aller au Ciel ou pas. Car, si nos contemporains peuvent se montrer discourtois ou voire méchant, il nous ait demandé de les pardonner. Car, leurs mauvais traitements n'influencent guère notre demeure éternelle. C'est le pourquoi, Dieu notre Père Céleste peut pardonner, avec tant de bonté tous ceux-là qui écourtent les vies de Ses élus. Car, le fait que ces personnes les aient écourtées cela ne les a pas néanmoins empêchés d'aller au Ciel.

Pour d'autres, étant donné le grand investissement du Ciel en matière de grâces, une protection divine puissante leur est accordée. Ainsi, malgré les fortes persécutions et les arrêts de morts physiques sur leurs vies, ils survivent et en sortent miraculeusement.

Bataille spirituelle

Les batailles spirituelles sont toutes autres ; elles définissent la demeure éternelle du vainqueur ou du vaincu. Un fils des ténèbres qui parvint par la ruse etc… à séquestrer un enfant de Dieu, souvent même des serviteurs de Dieu à ce jeu, ce n'est point uniquement pour les saluer. Mais, pour les entraîner avec eux en Enfer. Combien de serviteurs de Dieu se sont vus être ravis voire détourner par ces fils d'iniquités ?

Car, une personne excédée par les échecs et les blocages répétitifs peut renier la foi, partant perdre son salut ; le blocage ou les agressions spirituelles ne sont guère dans le simple domaine physique. Elles sont pour l'illustrer comme celui de ***I Samuel 17 : 34-35****, une brebis dans la gueule d'un loup*.

Vous n'avez pas idée de ce que c'est qu'un combat spirituel. Vous n'avez pas idée de ce que c'est que des agressions spirituelles. Vous n'avez pas idée de ce que c'est que d'être tenu en pacte inconscient ou pas par la ruse de vos ennemis. Qu'en savez-vous ? Vous qui combattez le combat spirituel dans l'Eglise montrant par-là que le monde spirituel, vous en êtes étranger. Et ne savez même pas les réalités de ce monde. C'est tout à fait normal, vous n'êtes pas connu du Diable et de ses démons comme étant une menace potentielle ou trouble-fête.

Mais, grandissez spirituellement. Et vous aurez part à ce niveau de responsabilité dans le Royaume des Cieux. C'est ce que je puis dire à tous ceux qui s'opposent à cette notion de combat spirituel.

Actes 19 : 15 *L'esprit malin leur répondit : je connais Jésus, Paul je sais qui est Paul ; mais vous, qui êtes-vous ?* **Louis Segond**.

LA PUISSANCE DE DIEU AU SERVICE DE SA VOLONTE

II Corinthiens 13 : 8 *Car nous n'avons pas de puissance contre la Vérité ; nous n'en avons que pour la Vérité.* **Louis Segond**.

Le but du combat spirituel n'est pas de maudire ou de tuer les ennemis. Là n'est pas la fonction. Le combat spirituel vise la défense face à des agressions et blocages spirituels. Ainsi que l'établissement du règne de Jésus-Christ notre Seigneur.

Evidemment, l'utilisation de la force ne doit répondre qu'à ces deux principaux points. Tout autre utilisation de la force serait qualifiée de fait brutal, contraire au Royaume des Cieux. Les décrets de morts ou autres sanctions répressives doivent être justifiés et non être des actes de méchancetés. Et doivent donc être bien avant tout, validé par le Ciel. Car, la Puissance de Dieu sera toujours mise au service de Sa volonté, et non pas au service de simples caprices ou manipulations. Il est très important de le comprendre. Une direction divine vous autorise ou pas à agir d'une certaine manière.

Il faudrait donc bien comprendre, la notion de jugement divin. Et sur ce, nous brosserons un léger détour sur cette notion de jugement, pour nous mettre tous d'accord là-dessus.

Le Jugement Divin qu'est-ce-que c'est ?

Il faut déjà comprendre une chose, lorsque l'on parle de jugement, il est question de poser l'action juste, c'est-à-dire qui sied à la circonstance qui nous est présentée dans un premier temps. Dans un second temps, le jugement peut également être considéré comme, la décision finale que nous donnons à un problème ou situation donnée qui nous a été soumise.

Le jugement Divin sera défini, comme la décision finale que notre Seigneur Jésus proclame sur une affaire. Si nous comprenons cela de cette manière, il est alors des plus simples pour nous de comprendre, que le Jugement Divin n'est pas toujours condamnation. Il peut être pardon, il peut être miséricorde (compassion), il peut être accorde lui ton manteau, il peut être « avertissement », il peut être punition, il peut être mort. Mais, on dit qu'il est divin parce que, il est inspiré du Saint-Esprit.

Il serait absurde en tant qu'enfant de Dieu, de penser que notre Seigneur **Yeshua Ha Mashia** soit un béni oui-oui. L'homme n'est pas plus intelligent que Dieu. L'appréciation de la situation dépend de la vue divine.

Mais, je le redis encore : la Puissance Divine sera toujours au service de la Volonté Divine.

IRREVOCABLE

I Samuel 16 : 1(a) *L'Eternel dit à Samuel : Quand cesseras-tu de pleurer sur Saül ? Je l'ai rejeté, afin qu'il ne règne plus sur Israël.* **Louis Segond**.

Le jugement Divin peut-être irrévocable. Arrêtons de penser que notre Seigneur Jésus, ne sais pas apprécier des situations à leurs justes valeurs. Il devient irrévocable, lorsque la miséricorde, ou l'omniscience de Dieu a atteint ses limites ou encore n'observe pas ou plus d'alternative possible, pour le cas présenté. C'est ainsi qu'il devient irrévocable.

Mais alors est-ce Dieu, qui prononce les jugements ?

Dans le Ciel, oui. Il donne la sentence, qui elle, est proclamée par la suite, par des anges.

Et sur la Terre ?

« **Ainsi parle, l'Eternel** ». Elle est rapportée par un homme, une femme ou un enfant. Seul condition : être spirituel pour entendre parfaitement la Voix du Saint-Esprit. J'enseigne la Parole de Dieu, et ceux qui sont fils sont conduits par le Saint-Esprit. C'est pourquoi, je rentrerai dans des exemples qui nous permettront, de mieux utiliser cette grâce. Ces exemples seront quelquefois, suivis de légers commentaires indispensables, si nous voulons atteindre les buts fixés par Dieu notre Père.

L'écriture de ce livre m'a valu une agression à la machette ; deux indélicats m'ont attaqués voulant m'ôter la vie ; sans négociation aucune, par la Main puissante de Dieu, et la grâce de notre Seigneur Jésus, j'en suis sorti miraculeusement de cette agression avec quelques légers bobos. Et dont, la grande perte fut celle de voir, toutes les notes et inspirations que j'avais reçu sur l'écriture de ce troisième opus, être parti avec ces indélicats. C'est vous dire, combien le royaume des ténèbres tremble à l'idée de voir l'Eglise posséder ce livre.

Selon le royaume des ténèbres

Cette irrévocabilité est ce que le royaume des ténèbres va appeler sacrifice. On dit dans le royaume des ténèbres qu'une personne a été sacrifiée, pour signifier le fait que plus rien ne pourra être changé ou modifié dans sa vie. Et que la vie de cette personne ressemblera à celle tracée par ses ennemis ; et cela est irrévocable.

Daniel 6 : 12,17 *N'as-tu pas écrit une défense portant que quiconque dans l'espace de trente jours adresserait des prières à quelque dieu ou quelque homme, excepté à toi, ô roi, serait jeté dans la fosse aux lions ? Le roi répondit :* ***La chose est certaine selon la loi des Mèdes et des Perses, qui est immuable****.*

On apporta une pierre, et on la mit sur l'ouverture de la fosse ; le roi scella de son anneau et de l'anneau de ses grands, ***afin que rien ne fût changé à l'égard de Daniel****.* **Louis Segond**.

Revenons à notre chemin,

Donc, il est très important de comprendre ces contours, avant de se lancer dans certaines batailles qui sembleraient sans fin. Les sacrifices ne peuvent être simplement annulés, mais ils doivent toujours trouver des substituts. C'est ce qui explique que celui d'Isaac dans Genèse ait trouvé la brebis. Et que celui de Daniel, Schadrac, Meshack, Abednego aient également trouvés leurs ennemis. Car, l'autel de sacrifice ne peut rester vide. Si tôt, un autel a été bâti, pour ôter la chose dessus, il faudra, le sacrifice d'une autre chose.

Genèse 22 : 9-13 *Lorsqu'ils furent arrivés au lieu que Dieu lui avait dit, Abraham y éleva un autel, et rangea le bois. Il lia son fils Isaac, et le mit sur l'autel, par-dessus le bois.*

Puis Abraham étendit la main, et prit le couteau, pour égorger son fils.

Alors l'Ange de l'Eternel l'appela des Cieux, et dit : Abraham ! Abraham ! Et il répondit : Me voici !

L'Ange dit : N'avance pas ta main sur l'enfant, et ne lui fais rien ; car je sais maintenant que tu crains Dieu, et que tu ne m'as pas refusé ton fils, ton unique.

Abraham leva les yeux, et vit derrière lui un bélier retenu dans un buisson par les cornes ; et ***Abraham alla prendre le bélier, et l'offrit en holocauste à la place de son fils****.* **Louis Segond**.

Daniel 6 : 23-24 *Alors le roi fût très joyeux, et il ordonna qu'on fit sortir Daniel de la fosse. Daniel fut retiré de la fosse, et on ne trouva sur lui aucune blessure, parce qu'il avait eu confiance en son Dieu.*

Le roi ordonna que ces hommes qui avaient accusés Daniel fussent amenés et jetés dans la fosse aux lions, eux, leurs enfants et leurs femmes *; et avant qu'ils fussent parvenus au fond de la fosse, les lions les saisirent et brisèrent leurs os.* **Louis Segond**.

Esther 8 : 5-8 *Elle dit alors : Si le roi le trouve bon et si j'ai trouvé grâce devant lui, si la chose parait convenable au roi et si je suis agréable à ses yeux, qu'on écrive pour révoquer les lettres conçues par Haman, fils d'Hammedatha, l'Agaguite, et écrites par lui dans le but de faire périr les juifs qui sont dans toutes les provinces du roi.*

Car comment pourrais-je voir le malheur qui atteindrait mon peuple, et comment pourrais-je voir la destruction de ma race ?

Le roi Assuérus dit à la reine Esther et au juif Mardochée : Voici, j'ai donné à Esther la maison d'Haman, et il a été pendu au bois pour avoir étendu la main contre les juifs.

Ecrivez donc en faveur des juifs comme il vous plaira, au nom du roi, et scellez avec l'anneau du roi ; ***car une lettre écrite au nom du roi et scellée avec l'anneau du roi ne peut être révoquée***. **Louis Segond**.

Au nom du roi ⟹ Sur la recommandation du roi

L'anneau du roi ⟹ La preuve de l'Autorité, obligation d'exécuter. Et pour nous l'anneau de notre Roi est le Nom de Jésus.

I Jean 4 : 9-10 *L'amour de Dieu a été manifesté envers nous en ce que Dieu a envoyé Son Fils unique dans le monde, afin que nous vivions par lui.*

Et cet amour consiste, non point en ce que nous avons aimé Dieu, mais en ce ***qu'IL nous a aimés et a envoyé Son Fils comme victime expiatoire (l'offrande satisfaisante) pour nos péchés*** *(répondant à l'exigence de Dieu pour la justice contre le péché et apaisant Sa colère).* **Bible détaillée**.

Concrètement de manière pratique, comment y parvient-on ?

Nous l'avons briefé dans l'Art du Combat Spirituel II, lorsque nous sommes vendus par une tierce personne à une secte ou un groupe ésotérique, nous appartenons à la secte et principalement au chef de la secte. Cette information nous a donné, une large voire très grande fenêtre de tir. En ce sens qu'elle nous permet de nous focaliser sur le chef de la secte uniquement, quoique vous ne le connaissiez pas forcement.

Ainsi quelques formules peuvent nous permettre de l'atteindre. J'y reviendrai un peu plus en détails dessus. Mais voici, quelques-unes, qui pourront nous être utiles pour notre compréhension et pratique quotidienne.

Le chef de la secte qui m'attaque par la manifestation (de telle chose) est placé sur l'autel que les membres de sa secte ont posés contre moi ; et cela est irrévocable, dans le Nom de Jésus (**parole d'autorité**).

Le chef de la secte qui a vendu mon âme par ruse au monde des ténèbres, est placé sur l'autel qu'ils ont bâtis contre moi ; c'est irrévocable dans le Nom de Yeshua (**parole d'autorité**).

NB : J'aurai pu dire : « *la personne qui a vendu mon âme par ruse…* » Mais cela aurait été une perte de temps. Car, bien qu'en l'ayant livré, cela n'aurait pas nécessairement mis fin au combat et blocage, à cause d'un léger oublie sur cette sentence. Nous y reviendrons plus-tard dessus.

Le chef de la secte qui a volé la promesse de Jésus dans ma vie, est placé sur l'autel qu'ils ont bâtis contre moi ; c'est irrévocable dans le Nom de Yeshua (**parole d'autorité**).

Le chef de la secte qui joue avec ma mémoire est placé sur l'autel, qu'ils ont bâtis contre moi ; c'est irrévocable dans le Nom de Jésus (**parole d'autorité**).

Nous sommes dans la partie sacrifice, qu'il faudrait garder en mémoire. Il est plus simple d'attaquer le chef de la secte de cette manière. Si non, nous rentrons dans des combats à rallonges, qui à la longue, nous épuisent.

Le chef de la secte qui a sacrifié mon mariage, est placé sur cet autel qui a été bâti par les membres de cette secte, dans le Nom de Jésus ; cela est irrévocable (**parole d'autorité**).

Le chef de la secte qui a sacrifié ma vie, est placé sur cette autel qui a été bâti par les membres de cette secte, dans le Nom de Jésus ; cela est irrévocable (**parole d'autorité**).

Les personnes qui ont fait des pactes de vie et de mort contre moi, sont placées sur les autels qu'elles ont bâtis contre moi ; c'est irrévocable dans le Nom de Jésus (**parole d'autorité**).

Avec cette notion d'irrévocabilité, le problème du sang trouve une solution définitive :

Que le Ciel note cela comme une loi irrévocable, la loi selon laquelle : « Toutes personnes usant de mon sang à des fins démoniaques ne recevra aucune immunité spirituelle, et sera automatiquement prise en remplacement de ma personne sur ces pactes et autels qu'elle aura bâti contre moi, sans que je n'ai encore à le prononcer ou répéter ; c'est la loi que je vote sur mon sang dans le Nom de Jésus » (**parole d'autorité**).

! Vous ne pouvez empêcher ces occultistes d'utiliser votre sang à des fins démoniaques, étant donné qu'il est en leur possession. Mais, vous pouvez les refuser l'immunité spirituelle ; et donc, ils deviennent vulnérables à tous décrets pris par vous à leur encontre. Sympa, n'est-ce-pas ? ☺

Les personnes qui utilisent mon sang à des fins démoniaques sont placées sur les autels qu'elles ont bâtis contre moi ; c'est irrévocable dans le Nom de Jésus (**parole d'autorité**).

Les personnes qui utilisent mon sang à des fins démoniaques et celles qui bénéficient des avantages liés à l'exploitation mystique de mon sang, sont placées et pris sur les autels et pactes qu'elles ont bâtis contre moi ; c'est irrévocable dans le Nom de Jésus (**parole d'autorité**).

La personne qui travaille avec mon étoile est placée sur l'autel et le pacte qu'elle a bâti contre moi en remplacement de ma personne, et c'est irrévocable, dans le Nom de Jésus (**parole d'autorité**).

Vous pouvez encore améliorer votre sentence, en précisant ce qui suit :

La personne qui lance des sorts contre mon sang, études, mariage, ministère, finances, fiancée est placée sur l'autel qu'elle a bâti contre moi et c'est irrévocable, dans le Nom de Jésus (**parole d'autorité**).

Jean 20 : 23 *Ceux à qui vous pardonnerez les péchés, ils leur seront pardonnés (à cause de leur foi) ; Ceux à qui vous les retiendrez, ils leurs seront retenus (et resteront sans pardon à cause de leur incrédulité)* **Bible détaillée.**

Cette autorité a été également, accordée à l'Eglise, de retenir le ou les péchés de certains individus quand cela s'impose dans la justice divine, pour accomplir des buts divins, des arrêtés divins, des visions célestes. Où, le dernier rempart ne reste que la sanction, pure et simple.

Exode 4 : 21 *L'Eternel dit à Moïse : En partant pour retourner en Egypte, vois tous les prodiges que Je mets en ta main : tu les feras devant pharaon. Et Moi, J'endurcirai son cœur,* ***et il ne laissera point aller le peuple***. **Bible détaillée**.

Exode 7 : 13 *Si le méchant ne se convertit pas, IL aiguise Son glaive, IL bande Son arc, et IL vise ;*

IL dirige sur lui des traits meurtriers, IL rend Ses flèches brûlantes. **Bible détaillée**.

Les traits meurtriers ⟶ IL libère des sentences.

Témoignage 1 :

Je me souviens d'une vacance que nous avions passés du côté des Lacs (au Gabon), j'y étais partis par curiosité de visiter mon village natale.

Aux abords, du chemin qui menait au Lac Oguemoue, on me demanda de faire un rituel, qui devait toujours être pratiqué par toute personne rentrant pour la première fois dans la zone. Chose à laquelle, je me dérobais en leur stipulant que ma foi en Yeshua me l'interdisait. Ils tentaient toutefois, de m'intimider en me disant que je ne finirai pas le séjour, et qu'une semaine aurait été suffisante pour moi, pour avoir une difficulté (maladie ...) qui m'aurait obligé à remonter pour la ville. Défis que je relevais. La semaine passée, aucun malheur ne m'était arrivé comme annoncer.

Je remarquais l'absence d'église dans le village et je me proposai de faire des cultes à cet endroit. Je rencontrais une jeune sœur qui m'aida dans cette tâche. Au tout début, il y eut affluence, puis progressivement le nombre se réduisit drastiquement ; les villageois plus habitués aux rites traditionnels assistaient les veilles des cultes à ces rencontres. Et, il y eut comme une guerre masquée entre nous : entre les maîtres de ces choses et leurs adeptes, qui ne me portèrent guère en estime.

Comme je ne restais point au village, mais dans un campement (une île), je rentrai les soirs à mon lieu d'habitation. Un jour alors, que je partais comme à l'accoutumer passer le culte, au village, les mouches me reçurent sans aucune odeur apparente de je ne sais quoi sur moi. La même scène se produisant pour tous les motifs de séjours ou de visite que j'effectuais pour le village.

Une expérience des plus étonnantes :

Alors que j'étais toujours au village, de bon matin, mes cousins trouvèrent un hippopotame flottant sur la surface des eaux ; il était mort. La découverte les réjouissaient ; car cela signifiait pour nous, que nous aurions autre chose à manger, et non pas le poisson sur la table ce jour-là.

Ils rentrèrent très tôt ce jour au camp, aux environs de huit heures du matin ; ce qui laissait largement le temps à tous de faire la cuisine. Les parts avaient été distribués et ma tante se chargea de préparer la portion d'hippopotame, qui nous avait été accordé. Elle fit bouillir l'hippopotame de neuf heures du matin à dix-huit heures, il était toujours aussi rigide qu'un béton armé. Excéder d'attendre nous résolûmes de faire une sauce à côté et d'abandonner l'hippopotame dont la peau, était aussi dur que du béton armé et ce malgré les techniques de cuissons employées par les villageois.

Une leçon de sens me traversa l'esprit, au sortir de cette expérience : c'est que les mauvaises habitudes ont la peau dure. Et de ce fait, aux grands maux les grands remèdes comme le dit le dicton.

Les choses spirituelles ne peuvent être comprises, que, par des hommes, femmes ou enfants spirituels ; car eux, règlent les problèmes qui concerne l'esprit comme prioritaire.

Certainement vous vous posez la question de savoir :

Pourquoi attaquons-nous le chef de la secte ?

C'est assez simple à comprendre, il est le dépositaire de la connaissance et des stratégies d'attaques dans son royaume ; du moins celui qui a une large connaissance (gamelle). Le neutraliser en le mettant dès le départ hors-jeu, aura un parfum de défaite pour tout le camp ennemi.

I Samuel 17 : 45-51 *David dit au philistin : Tu marches contre moi avec l'épée, la lance et le javelot ; et moi, je marche contre toi au Nom de l'Eternel des Armées, du Dieu de l'Armée d'Israël, que tu as insultée.*

Aujourd'hui l'Eternel te livrera entre mes mains, je t'abattrai et je te couperai la tête ; aujourd'hui je donnerai les cadavres du camp des philistins aux oiseaux du ciel et aux animaux de la Terre. Et toute la Terre saura qu'Israël a un Dieu.

Et toute cette multitude saura que ce n'est ni par l'épée ni par la lance que l'Eternel sauve. Car la victoire appartient à l'Eternel. Et IL vous livre entre nos mains.

Aussitôt que le philistin se mit en mouvement pour marcher au-devant de David, David courut sur le champ de bataille à la rencontre du philistin.

Il mit la main dans sa gibecière, y prit une pierre, et la lança avec sa fronde ; il frappa le philistin au front ; et la pierre s'enfonça dans le front du philistin, qui tomba le visage contre terre.

Ainsi avec une fronde et une pierre, David fut plus fort que le philistin ; il le terrassa et lui ôta la vie sans avoir d'épée à la main.

Il courut, s'arrêta près du Philistin, se saisit de son épée qu'il tira du fourreau, le tua et lui coupa la tête. ***Les philistins, voyant que leur héros était mort, prirent la fuite*****. Louis Segond.**

Comment parvient-on à émettre un jugement, si nous ne comprenions ou n'entendons pas la Voix du Saint-Esprit ?

Pas de panique ! Il existe un moyen ou méthode : celle de l'observation. La particularité de cette méthode est quelle est assez longue dans la réaction ; car nous subissons la méchanceté de nos ennemis, avant de comprendre, ce qui se passe dans nos vies.

Genèse 2 :19 *L'Eternel Dieu forma de la terre tous les animaux des champs et tous les oiseaux du ciel, et IL les fit venir vers l'homme, pour voir comment il les appellerait, et afin que tout être vivant portât le nom que lui donnerait l'homme*. **Louis Segond**.

Ces noms que portent les animaux n'ont pas été donnés de manière fortuite. Mais, sont le fruit d'une observation minutieuse des comportements et caractères des uns et autres. Ainsi donc, par le procédé de l'observation de sa vie, il est possible de comprendre et d'avoir beaucoup d'informations utiles pour une auto-délivrance. Mais une parfaite analyse et interprétation de la situation est requise, pour pouvoir porter un jugement. Et surtout, savoir et pouvoir distinguer les différents groupes ennemis qui nous attaquent. Si cette distinction est établit, le reste devient presque facile. Quand je parle de groupe, je ne fais pas uniquement allusion à l'obédience démoniaque. Mais, à la particularité des différentes attaques et pensées qui vous traversent l'esprit à chaque fois. Sans quoi, la tâche sera des plus ardus.

Concernant, les chefs des sectes c'est en connaissance de cause que je vous propose, ces formules. Je n'omets guère la possibilité que quelques-uns d'entre eux puissent se repentir ; dans ce cas la grâce du Seigneur Jésus les maintiendra en vie, pour qu'ils puissent en bénéficier. Mais pour l'heure, ils sont bien là où, ils sont.

Genèse 4 : 13-14 *Caïn dit à l'Eternel : Mon châtiment est trop grand pour être supporté.*

Voici, Tu me chasses aujourd'hui de cette terre ; je serai caché loin de Ta face, je serai errant et vagabond sur la terre, et quiconque me trouvera me tuera.

L'Eternel lui dit : Si quelqu'un tuait Caïn, Caïn serait vengé sept fois. Et l'Eternel mit un signe sur Caïn pour que quiconque le trouverait ne le tuât point. **Louis Segond**.

Je proclame que ce signe d'interdiction de mort prématurée, est placé sur votre front dans le Nom de Jésus.

Alors comment peut-on parvenir à savoir que nous sommes ou avons été sacrifié par une quelconque personne ?

Pour le savoir, je l'illustrerai par ce que je vais appeler, l'attaque de la chasse-eau. En quoi consiste, ce machin, « chasse-eau » ? Cette attaque consiste pour le royaume des ténèbres à vous asphyxier de toutes parts (dans tous les secteurs de la vie). Et de vous faire perdre les repères, pour vous pousser à renier la foi. Lorsque vous y êtes confrontés cela signifie, qu'une parole de ce genre (sortilège) a été prononcée contre vous.

Un sortilège ? Pas vraiment, mais un sacrifice de votre vie, ça oui ! Mais, les sacrifices ne peuvent être faits que par des proches à nous, qui nous aurait livré au bon vouloir de nos ennemis.

Matthieu 26 : 14-16 *Alors l'un des douze, appelé Judas Iscariot, alla vers les principaux sacrificateurs,*

Et dit : Que voulez-vous me donner, et je vous le livrerai ? Et ils lui payèrent trente pièces d'argent.

Depuis ce moment, il cherchait une occasion favorable pour livrer Jésus. **Louis Segond**.

Juge 16 : 13, 18 *Delila dit à Samson : voici, tu t'es joué de moi, tu m'as dit des mensonges. Déclare-moi avec quoi il faut te lier. Il lui dit : Tu n'as qu'à tisser les sept tresses de ma tête avec la chaîne du tissu*

Delila, voyant qu'il lui avait ouvert tout son cœur, envoya appeler les princes des philistins, et leur fit dire : Montez cette fois, car il m'a ouvert tout son cœur. Et les princes des philistins montèrent vers elle, et apportèrent l'argent dans leurs mains. **Louis Segond**.

NB : nous traitons du spirituel, et non des problèmes d'ordre physique ou charnel.

Tout compte fait, cela n'a rien de plaisant d'être pris au piège, de ces occultistes dans ces histoires de sacrifices. Et comme cela ne me plaît guère, je vais vous partager un tuto. Lorsque nous étudions, les sacrifices que comprenons-nous, il est question d'une âme qui est l'objet de ce sacrifice. Bien avant, pour l'indélicat de jouir de l'œuvre de sa méchanceté, il se doit de sacrifier une âme et non pas un esprit. Et voilà, la révélation ! S'il faille annuler les effets d'un pacte, il serait bien avant, judicieux, de penser à l'âme.

Comment cela marche-t-il ?

Les occultistes qui ont vendu mon âme au royaume des ténèbres, sont pris en remplacement de ma personne sur l'autel des sacrifices qu'ils ont bâtis contre moi ; c'est irrévocable dans le Nom de Jésus (**parole d'autorité**).

Alors là, je venais d'introduire une notion qui était jusqu'alors implicite dans nos débats : le mot « occultiste ».

Pourquoi est-ce que je le mets en lumière ?

Je le mets en lumière pour la simple raison que certains d'entre nous, utilisions le mot sorcier qui est d'usage pour parler des agents des ténèbres. La limite de ce mot est qu'il fait référence au bas, de la chaîne des agents des ténèbres. Ainsi donc, s'il y a d'autres catégories d'agents, ils se trouveraient exempter de toutes sanctions disciplinaires.

Dans ce cas, l'utilisation de ce mot occultiste viendrait inclure toutes les catégories des agents des ténèbres. Sympa n'est-ce-pas ? ☺

Les occultistes qui ont relâché le Léviathan ancien contre moi, sont placés en remplacement de ma personne sur cet autel ; c'est irrévocable dans le Nom de Jésus (**parole d'autorité**).

L'occultiste qui a fait échange d'esprit avec le mien, récupère son esprit et moi le mien ; c'est irrévocable dans le Nom de Jésus (**parole d'autorité**).

Les occultistes qui ont envouté mes vêtements, sont placés en remplacement de ma personne sur cet autel ; c'est irrévocable dans le Nom de Jésus (**parole d'autorité**).

Les occultistes qui ont bâtis des autels pour me tuer, sont placés en remplacement de ma personne sur ces autels ; c'est irrévocable dans le Nom de Jésus (**parole d'autorité**).

Les occultistes qui ont dressé des autels d'épreuves perpétuelles avec le diable sont placés dessus en remplacement de ma personne ; c'est irrévocable dans le Nom de Jésus (**parole d'autorité**).

Les démons qui ont été expulsé de mon corps ou de ma vie sont dépiécés dans le Nom de Jésus (**parole d'autorité**).

Les occultistes qui ont usurpés mon identité pour contracter des pactes en mon nom, sont placés sur les autels et pactes qu'ils ont bâtis en remplacement de ma personne dans le Nom de Jésus (**parole d'autorité**).

Pour les élèves

Les occultistes qui ont jeté des sorts sur mes bulletins de notes, diplômes, et toutes autres choses qui m'appartiennent, sont placés en remplacement de ma personne sur ces autels ; c'est irrévocable dans le Nom de Jésus (**parole d'autorité**).

Ce ne sont guère des exemples d'école, cela a un réel impact lorsque vous libérez ces paroles de vos bouches. Et je suis si content de vous l'enseigner.

Au-delà, de ce terme nous pouvons utiliser un autre terme : « ***esprit humain*** ».

Bizarre ! Esprit humain ?

Oui, esprit humain ! Il faut savoir que tout homme à une adresse spirituelle. Et « dans l'homme c'est l'esprit le souffle du Tout-Puissant», qui représente l'adresse de chaque homme.

Qu'est-ce que cela veut dire ?

Si nous cherchons toujours la précision dans nos paroles et des cibles parfaitement verrouillées quoi de mieux que l' « esprit humain ». Cette expression ne nécessite guère de connaître le nom de l'ennemi, et même si ce dernier peut être un membre de notre famille (père ou mère), il se retrouverait pris au piège de ce mot ou expression.

Les esprits humains qui ont envoyés mon esprit et qui tentent d'envoyer mon âme en enfer, sont envoyés là-bas en remplacement de mon esprit et mon âme ; c'est irrévocable dans le Nom de Jésus (**parole d'autorité**).

Les esprits humains qui m'ont sacrifiés, sont sacrifiés sur les autels qu'ils ont bâtis contre mon esprit en remplacement de mon esprit ; c'est irrévocable dans le Nom de Jésus (**parole d'autorité**).

! Les esprits humains pouvant être déplacés de leurs enveloppes spirituelles et entraîner ailleurs dans les abîmes du royaume des ténèbres. Seule la grâce de Dieu permet à votre âme d'échapper à la mort. Car, en réalité si votre âme a été vendu, votre esprit lui devient la garantie du royaume des ténèbres que vous feriez tous ce qu'il vous chargera de faire. Aux quels des cas, vous serez tué par une pression exercer sur votre esprit séquestrer ou sur votre enveloppe spirituelle.

Mais, si votre esprit est la possession des puissances occultes, cela signifie que votre enveloppe spirituelle a été endommagée.

Nous pouvons également, améliorer nos approches de sanctions disciplinaires :

Les esprits humains qui ont endommagés mon enveloppe spirituel, leurs enveloppes spirituelles le sont également et mon esprit peut retrouver la sienne ; c'est irrévocable dans le Nom de Jésus (**parole d'autorité**).

Les esprits humains qui ont votés des lois et décrets d'instabilités émotionnelles, maritales, professionnelle, etc... Sur ma vie, ainsi que ceux qui en bénéficient sont placés sur ces autels en remplacement de ma personne ; c'est une loi et décret irrévocable dans le Nom de Jésus (**parole d'autorité**).

Les esprits humains qui appartiennent aux sectes dans lesquelles, j'ai été introduit par ruse, sont pris en remplacement de ma personne sur ces autels et pactes; c'est irrévocable dans le Nom de Jésus (**parole d'autorité**).

Les esprits humains qui m'ont intronisés dans je ne sais quoi, sont pris en remplacement de ma personne dans ce à quoi, ils m'ont intronisés ; c'est irrévocable dans le Nom de Jésus (**parole d'autorité**).

Les esprits humains qui m'ont tendu les pièges par les mots sortant de ma bouche sont pris en remplacement de ma personne sur ces autels et pactes contractés par cette ruse ; c'est irrévocable dans le Nom de Jésus (**parole d'autorité**).

Ce que je subis comme agression, blocage, limitation spirituelle, matérielle, financière, morale ; les esprits humains responsables, ceux qui sont encore sur la Terre et ne se sont pas convertis à Jésus, ceux qui héritent des tous premiers, et ceux qui leurs viennent en renfort contre moi sont soumis aux mêmes agressions, blocages, limitations spirituelles que je subis ; c'est une loi et décret irrévocable sur ces esprits humains dans le Nom de Jésus (**parole d'autorité**).

! Ces jugements paraissent très sévères.

Psaumes 18 : 27 *Avec celui qui est pur Tu te montres pur, et avec le pervers Tu agis selon sa perversité.* **Louis Segond**.

Jacques 2 : 13 *Car le jugement est sans miséricorde pour qui n'a pas fait miséricorde. La miséricorde triomphe du jugement.* **Louis Segond**.

Matthieu 18 : 6 *Mais, si quelqu'un scandalisait un de ces petits qui croient en Moi, il vaudrait mieux pour lui qu'on suspendit à son cou une meule de moulin, et qu'on le jetât au fond de la mer.* **Louis Segond**.

Que l'ennemi m'attaque c'est une chose ; dans ce cas de figure, on pourrait se limiter à détruire les autels et à leurs rendre la vie difficile, pour les pousser à oublier notre adresse. Mais qu'ils décident de faire de moi, une libation devant servir à faire prospérer, les projets et institutions du royaume des ténèbres… je le supporte moins çà !

Même dans votre société un collègue mal intentionné, peut vous tendre un mauvais piège. Un parent méchant peut vous vendre à la secte de l'entreprise pour garantir, la stabilité de son emploi. Prudence alors !

! Mais, il faudrait pour moi revenir sur un fait : ce ne sont pas tous les esprits humains qui sont envoyés en enfer. Et donc, si tous ne sont pas envoyés en enfer, les autres où sont-ils envoyés ?

Ils sont envoyés dans des « Antres démoniaques ». Et ce mot peu changer également beaucoup de choses au cours d'une bataille spirituelle. Il faudrait savoir qu'il y a des esprits humains que le royaume des ténèbres ne veut et ne peut supporter voir sur la Terre des hommes. D'où, le fait qu'ils (agents) les envoient dans leurs antres.

Toutes tentatives pour les victimes de ces trames de s'en sortir n'est que vaine. Seul moyen pour elles demeurent la mort de ces indélicats qui font peser sur elles ce joug. N'en déplaisent à certains, j'enseigne uniquement. Dans ce conseil ou cas de figure, il faudrait avant tout garder en la pensée, que nous sommes confrontés à une secte ou groupe occulte, et non pas à un simple occultiste comme enseigner dans l'Art du Combat Spirituel II. Ce qui sous-entend que l'adversité est toute autre. Mais aussi, que l'objet est tel que les remparts et les décrets pris sur cette personne sont telles que la/les bouches qui les déclarent doivent être fermées. Car, ce sont ces personnes qui ont autorités sur la victime. Il va sans dire, dès lors, vous achetez un article chez un marchand, dès lors, vous avez rempli la condition nécessaire pour en disposer, l'article vous appartient et vous en faîte ce qui vous semble bon. Soit le briser, soit le conservé, toujours est-il que vous en êtes le seul à décider dessus.

Et c'est justement cela le cas, si vous êtes entre les mains d'une secte, c'est que cette secte ou groupe occulte à les pleins droits sur votre vie. Et elle est libre de faire de votre vie ce qu'elle désire ou souhaite, sans votre consentement. Le pire dans tout ceci est que, vous pouvez prier autant que vous voulez, si vous ne vous levez pas dans le combat c'est mort, ou fichu.

Psaumes 79 : 10 *Pourquoi les nations diraient-elles : Où est leur Dieu ? Qu'on sache, en notre présence, parmi les nations, Que Tu venges le sang le sang de Tes serviteurs, le sang répandu !* **Louis Segond.**

Les esprits humains, responsables du fait que mon esprit se trouve ou se retrouve dans cet antre du royaume des ténèbres sont tués dans le Nom de Jésus (**parole d'autorité**).

Les esprits humains, responsables de l'autel perpétuel que je vois en mon esprit sont tués dans le Nom de Jésus (**parole d'autorité**).

Les esprits humains qui m'ont piégés par ruse, pour m'introduire dans leurs sectes pernicieuses, sont placés en remplacement de mon esprit et de mon âme, comme la marchandise de ces pactes et autels ; c'est irrévocable dans le Nom de Jésus (**parole d'autorité**).

! Les esprits humains ne meurent pas, mais pour la circonstance, ils quittent la Terre, ainsi que les âmes qui sont liées à ces esprits humains. L'homme c'est l'esprit, l'âme, et le corps.

I Thessaloniciens 5 : 23 *Que le Dieu de paix vous sanctifie Lui-même tout entiers, et que tout votre être, 'esprit, l'âme et le corps soit conservé irrépréhensible, lors de l'avènement de notre Seigneur Jésus Christ.* **Louis Segond**.

Comment sait-on que nous sommes (esprits humains) dans l'antre d'un démon ?

Assez simple à comprendre. Lorsque votre esprit est toujours sur le qui vif, que vous vous ressentiez toujours la présence d'esprit méchant autour de vous ; comme celle d'un parfum qui se répand autour de vous. Et cette présence négative qui vous colle et ne vous lâche pas quelles que soient les heures du jour. Sachez que là, votre esprit se trouve dans un antre du royaume des ténèbres.

Il est bien vrai, pour ceux qui ont des dons de discernements, qu'ils peuvent voir au cours du jour ou de la nuit des démons les espionner. Seulement, ce fait ne produit pas les mêmes sensations sur votre esprit ou autour de vous. A moins qu'il se rapproche à un mètre de vous. Mais cette sensation n'est pas constante, elle est ponctuelle. Et si votre esprit s'y trouve, cela signifie que le royaume des ténèbres va œuvrer avec instance pour entraîner également votre âme à cet endroit.

Mon esprit et mon âme ressuscitent des morts c'est une loi et un décret irrévocable dans le Nom de Jésus (**parole d'autorité**).

Les occultistes qui sont responsables et ont bénéficiés de ce que mon esprit et mon âme se trouvaient dans ce guet-apens sont envoyés là-bas, leurs esprits et âmes ; c'est une loi et un décret irrévocable dans le Nom de (**parole d'autorité**).

C'est un peu chaud, mais l'on va refroidir. ☺

Maudire

Détruire les œuvres des ténèbres consistent à ruiner leurs efforts, à les accabler de maux, à pourrir tous les plans qu'ils échafaudent de sorte qu'aucun d'eux ne puissent aller à son terme ; c'est-à-dire connaître une réussite.

La malédiction sortant de la bouche d'un saint, vivant dans la Vérité et la justice est très dangereuse ; elle comporte des effets dévastateurs des plus incroyables. Elle assèche des vies, ruine des royaumes. C'est pour l'illustrer, que le Seigneur Jésus, prit exemple sur le figuier :

Matthieu 21 : 18-21 *Le matin, en retournant à la ville, IL eut faim.*

Voyant un figuier sur le chemin, IL s'en approcha ; mais IL n'y trouva que des feuilles, et IL lui dit : Que jamais fruit ne naisse de toi ! Et à l'instant le figuier sécha.

Les disciples, qui virent cela, furent étonnés, et dirent : Comment ce figuier est-il devenu sec en un instant. **Louis Segond**.

Corroborer par :

Jacques 5 : 15 *la prière fervente du juste a une grande efficacité.*

C'est la raison pour laquelle, le Seigneur Jésus nous a toujours recommandé de bénir nos ennemis. A cause de la puissance destructrice qui accompagne les sentences proclamées par les saints.

Nous allons néanmoins, apprendre à maudire les œuvres des ténèbres dans nos vies, et tout autour de nous.

L'Art du Combat Spirituel II a mis l'accent sur les sentences sur des ennemis (Homme). Nous enseignions que le combat spirituel se situait à trois niveaux, que je ne manquerai pas de rappeler :

- Individu ;
- La secte ;
- Le monde démoniaque.

Etant donné que nous avions déjà par des exemples argumentatifs pratiques, étudier le cas de l'Individu, nous passerons également un temps d'enseignement sur la secte et le monde démoniaque.

Comment combattre une secte ?

Pour connaitre que faire, il est préalable de distinguer deux cas spécifique : Celui où, nous ne sommes pas victimes des trames de cette secte. Et celui où, nous serions des victimes malheureuses de cette secte.

Le premier cas est assez simple ; il consiste uniquement à libérer des sentences contre ces sectes.

Dans le Nom de Jésus, je maudis l'activité de cette secte. (**Parole d'autorité**).

Bon, il est vrai que cela peut paraître trop simpliste, question précision. Cela peut se comprendre du fait que, dans mon esprit, je sache laquelle, des sectes j'attaque. Auxquelles des cas, il faudrait une légère précision. Vous pouvez ne pas connaitre le Nom de la secte ; la précision des informations permet une visée juste de l'objet.

Je maudis l'activité des sectes qui s'élève contre l'Eglise dans ce quartier, dans le Nom de Jésus (**parole d'autorité**).

Sur cet exemple, le mot quartier vient circonscrire, le décret voté ou le jugement.

Je maudis l'autel bâtit sur ce quartier pour pervertir la jeunesse, dans l'ivrognerie, le chanvre, l'impudicité dans le Nom de Jésus (**parole d'autorité**).

Là encore, il y a l'apparition de nouvelles expressions autel, impudicité, chanvre, ivrognerie. Ces nouveaux mots apportent une précision dans l'action des anges tout autour de vous.

Je maudis l'activité de la secte qui contrôle mes finances et qui combat le projet du Ciel sur ma vie, dans le Nom de Yeshua (**parole d'autorité**).

Je maudis l'activité de la secte qui bloque mon mariage et mon positionnement sociale, dans le Nom de Jésus (**parole d'autorité**).

Je maudis l'activité de la secte qui a décrété mon arrêt de mort, dans le Nom de Jésus (**parole d'autorité**).

Je maudis l'activité de la secte qui m'a dépouillé spirituellement et volé mon manteau spirituel, dans le Nom de Jésus (**parole d'autorité**).

Je maudis l'activité de la secte qui séquestre mon esprit dans un édifice du royaume des ténèbres, dans le Nom de Jésus (**parole d'autorité**).

Aussi surprenant que cela paraissent, une personne peut voir son esprit être la possession du royaume des ténèbres, et ce après avoir reçu le Seigneur Jésus.

Témoignage 2:

Je me souviens qu'un de mes cousins m'ait demandé un service ; il souhaitait à ce que je l'aide à recevoir de l'argent issu d'une transaction financière par le biais d'une maison de transfert d'argent ; n'ayant pas renouvelé sa carte d'identité et son passeport expiré, je me résolu de lui rendre ce service.

Au préalable le Saint-Esprit, me demandait de me méfier de lui. J'étais dans un excès de zèle, qui me poussait à croire que j'appartiens à Jésus et que rien de pire ne pouvait m'arriver. Il me demanda (mon cousin) de parfaitement écrire mon nom, afin d'éviter toute faute d'orthographe et que le transfert soit bloqué, chose qui me parût étrange. Je l'envoyais mon nom par texto. Juste après avoir eu à faire cet envoie, que le Saint-Esprit me réprimanda en me disant : « *Qu'as-tu fais ?* » je ne comprenais pas, son interrogation et le ton sévère qu'IL avait pris derrière. Car, tout innocent que j'étais, je ne voyais que le service rendu.

Lorsque je le vis de face, une sainte colère me remplissait. Il ne m'avait visiblement rien fait de mal, nous n'avions aucun antécédent qui aurait pu justifier cette colère, mais mon esprit était en colère contre lui. Il me parlait et je ne lui répondais pas. J'interrogeais le Seigneur pour savoir ce que j'avais contre lui (j'étais assez jeune dans la foi, et ne savais pas interpréter les témoignages du Saint-Esprit au-dedans de moi), mais je ne décolérais pas au-dedans de moi.

Il m'avait introduit dans une secte, et par ruse avait touché de l'argent pour que je sois son sacrifice. Les erreurs je les enchainais, et sans en discerner, je déposais mes vêtements chez lui, pour éviter qu'un de mes neveux habitué à la vie facile ne me les vende. Il profita de la situation, pour les envouter. Et quand je les récupérais et les portais, spirituellement un serpent montait sur mon esprit. La scène était invivable. Par ruse, j'étais en pacte avec le royaume des ténèbres. Et je pouvais voir en esprit, comment mon esprit était transporté dans le quartier général du Diable.

Et il m'a fallu plus de cinq ans pour m'en défaire et acquérir la compréhension nécessaire pour en sortir. Mais, je l'ai fait sans en faire un tapage dans la famille sans oublier les autres situations (autres pactes et erreurs spirituelles) qui se jumelaient à celle-ci.

Mais, si vous faîtes attention à cette histoire vous vous rendrez compte qu'il était question de deux pactes distincts :

- Celui du nom ;
- Celui des vêtements.

Je pouvais résoudre un des deux, et être toujours en pacte, avec l'indélicat. Ceci dit, revenons à notre enseignement.

! Le pacte d'argent à ceci de particulier, tout ce que vous achetez avec cet argent vous est ôté spirituellement, lorsque vous avez été pris à ce piège. Et si vous a été pris, cela signifie que physiquement vous en ressentirez le manque ou carence aigu.

Je maudis l'activité de la secte qui possède mon sang, dans le Nom de Jésus (**parole d'autorité**).

Je maudis l'activité de la secte de vaudou qui passe son temps à me percer ou dépiécer mystiquement, dans le Nom de Jésus (**parole d'autorité**).

Vous pouvez également, faire un jouxte de formule du genre :

Que le Ciel localise, la secte agissant derrière le fait que je vive .... Et que l'activité de cette secte soit maudite, dans le Nom de Jésus (**parole d'autorité**).

Je maudis l'autel de la vente de mon âme ; c'est une loi et décret dans le Nom de Jésus (**parole d'autorité**).

Les esprits humains impliqués dans cela subissent les mêmes sanctions que j'ai eu à subir c'est une loi et un décret irrévocable dans le Nom de Jésus (**parole d'autorité**).

Je maudis l'autel bâti contre mes études dans le Nom de Jésus (**parole d'autorité**).

Je maudis l'autel bâti contre les livres que j'écris sous l'impulsion du Saint-Esprit et le groupe de Louange/Adoration « **En Route vers le Ciel** » ; c'est une loi et décret dans le Nom de Jésus (**parole d'autorité**).

Je maudis l'autel qui me lie à Lucifer dans le Nom de Jésus (**parole d'autorité**).

Je maudis l'autel bâti de pauvreté financière et matériel sur ma vie ; c'est une loi et décret dans le Nom de Jésus (**parole d'autorité**).

Je maudis l'autel du sacrifice irrévocable bâti contre ma vie, selon la loi de l'enfer ou du royaume des ténèbres; c'est une loi et décret dans le Nom de Jésus (**parole d'autorité**).

Je maudis l'autel bâti sur ma tête ; c'est une loi et décret dans le Nom de Jésus (**parole d'autorité**).

Je maudis l'autel que je vois en mon esprit; c'est une loi et décret dans le Nom de Jésus (**Exemple de parole d'autorité**).

Vous conviendrez que ces cas ne sont que des cas d'école, dans cette partie, il s'est agi de s'occuper uniquement de l'activité ou des œuvres de ces sectes. Et non pas de sanctionner les individus. Mais, une telle malédiction n'a pas pour but, de seulement faire bonne foi. Cela se produit réellement. Si vous garder en mémoire que, l'Enfer n'est pas la création de Lucifer, mais celle de Dieu pour punir, ces démons. Alors, vous comprendrez que la malédiction produit exactement les mêmes effets, dans les zones aménagées par ces démons pour fuir le feu de l'Enfer. Ainsi, ces endroits deviendraient invivables pour ces démons et leurs activités. C'est là, la puissance derrière une malédiction de ce genre.

J'oubliais ! Utiliser une telle arme, vous vaudra à coup sûr, des représailles ou des foudres de la part du royaume des ténèbres. C'est alors que nous rentrerons dans les sentences sur les ennemis ; car nous ne devons pas oublier le principe ; nous affrontons dans cette affaire de combat spirituel la malice, personnifiée au travers de la personne qui fait appel à la puissance des ténèbres pour vous nuire. Le type de sanction sera proportionnel au niveau d'occultisme de l'adversaire que vous affronter ; évidemment les armes avec lesquelles on tue ou combat un éléphant, ne sont pas les mêmes avec lesquelles on tue une souris. ☺ N'oubliez pas :

Proverbes 16 : 4 *l'Eternel a tout fait pour un but, même le méchant pour le jour du malheur*. **Louis Segond**.

Décret de mort sur mes ennemis dans le Nom de Jésus (**parole d'autorité**).

! Là, je viens de décréter la mort sur mes ennemis. La particularité de ce décret est qu'il signifie qu'un ordre de programmation de la mort de certaines personnes a été envoyé de la Terre vers le Ciel. Et cette programmation n'est pas nécessairement dans l'immédiat. Mais, il est arrêté dans le Ciel que Monsieur/Madame/Enfant tel(le) devra mourir. Evidemment si cela rentre dans la volonté de Dieu notre Père et de notre Seigneur Jésus.

Dans le cas où cela rentrerai dans les plans de Dieu notre Père, vous pourrez ajouter une autre précision.

Décret de mort sur mes ennemis dans les jours qui suivent, dans le Nom de Jésus (**parole d'autorité**).

Ne m'en voulez pas :

Ecclésiaste 7 : 7 (a) *L'oppression rend insensé le sage.* **Louis Segond**.

A ce propos de riposte ennemi, pour ceux de vous qui vous vous êtes lancé dans l'immédiat dans la bataille spirituelle en prenant appui sur ce livre, vous constaterez un certain niveau de pression et d'oppression.

Si ce niveau ne cesse de s'accentuer vous devez savoir que dans ce cas, le nombre de démons que vous affrontez est supérieur à celui des anges qui vous accompagne. Dans ce cas, il existe un moyen d'y remédier scripturaire et conforme à la Parole de Dieu.

Au fait c'est quoi ce moyen ?

Ah désolé ! Trop de chose dans la tête. ☺ Je vois que vous avez hâte de le savoir !

Pour ce qui concerne ce moyen, je voulais vous signifier, sinon rappeler aux uns et aux autres qu'il est possible en tant qu'enfant de Dieu, Serviteur de notre Seigneur Jésus-Christ de pouvoir demander à Dieu notre Père, l'envoi à notre secours de plusieurs légions d'anges. Ceci, afin de récupérer l'avantage que nous avions semble –t-il perdu du fait du nombre d'anges, qui peut être quelques fois inférieur à celui des démons qui nous agresse.

Ainsi :

Père envoi moi quarante légions d'anges de combats, ainsi je mettrai fin à ce combat interminable ; et je pourrai me concentrer pleinement à la mission divine que Tu m'as accordé, à la gloire de Jésus mon Seigneur. (**Demande**)

NB : Comme vous pouvez le constater, il n'est nullement question dans cette demande d'une parole d'autorité : je m'adresse à Dieu le Père et je m'humilie devant Lui.

Matthieu 26 : 53 *Penses-tu que Je ne puisse pas invoquer Mon Père, qui Me donnerait à l'instant plus de douze légions d'anges ?* **Louis Segond**.

Et comme également, certaines fois nous pouvons être exténués de devoir repartir nos ennemis par, les particularités de leurs attaques, de manière insensée, je dirai :

Pour avoir comploté contre moi, les personnes responsables de ce que ma vie soit sens dessus, dessous et sens dessous, dessus, je les condamne à être prises en remplacement de ma vie, dans ces malédictions. C'est un droit que l'Eternel Dieu accorde à Ses serviteurs et qui ne se discute pas, **Esaïe 54 : 17**. Cette malédiction ne peut être changé dans le temps, ni dans l'espace, sauf dérogation spéciale du Seigneur Jésus dans Sa grande miséricorde.

Quelle que soit l'implication des uns et des autres dans ces problèmes d'ordre mystique, que je vis, ils sont tous pris dans ces malédictions. Et je scelle cela dans le Nom de Jésus (**parole d'autorité**).

UN PERE OU UNE MERE MECHANT (E)

Il est possible que vous soyez né dans une famille compliqué : votre père ou mère pouvant être méchant(e). Cela constitue généralement le gros, et la partie la plus compliquée dans cette affaire de batailles spirituelles. Certaines fois, nous sommes tentés de vouloir décréter leur mort. D'autrefois, nous souhaitons que le Seigneur Jésus les frappe ; situation très embarrassante, lorsque nous sommes pris par le sentiment d'amour que nous leur portons et la douleur que nous éprouvons dans notre chair. Etudions le cas.

Si nous sommes soumis à des oppressions sans fins, au-delà du fait que nous pouvions nous même avoir adhéré à un groupe occulte ou secte, cela pourrait s'expliquer par le fait qu'un de nos proches nous ait vendu à ce groupe occulte. Nous omettons les cas où l'un de ces proches pourrait être un ami, un parent autre que nos parents géniteurs. Nous voulons étudier le cas spécifique, des parents géniteurs. Car, il est très difficile de s'en défaire du fait de cette parole de l'Ecriture qui déclare, je cite :

Lévitique 20 : 9 *Si un homme quelconque maudit son père ou sa mère, il sera puni de mort ; il a maudit son père ou sa mère : son sang retombera sur lui.* **Louis Segond.**

Que faire alors ? Doit-on simplement accepter la mort et laisser ce parent (père ou mère) régner ? Que devons-nous faire ?

Il faudra savoir et garder à l'esprit qu'un sorcier ou sorcière marche en bande organisée. Et cette bande ou groupe, n'appartient pas nécessairement à la même secte ou obédience spirituelle (au même établissement ou école). Par conséquent, il serait difficile de cibler, par des formules du genre :

« L'ensemble d'individu agissant derrière .... »

Pour y remédier, il faudrait considérer le fait que ce soit un groupe, une association de sorcier et sorcière ou d'occultistes qui s'unissent, pour vous combattre ; et dont, la couverture à cela est votre père ou mère. Dans ce cas, les contours ayant été bien défini, et compris, nous pouvons alors passer au combat.

Le groupe occulte ou l'association des occultistes ou des sorciers, à laquelle mon père ou ma mère m'a vendu est envoyé sur le piquet. Tous autant qu'ils sont dans le Nom de Jésus (**parole d'autorité**).

Il faut comprendre que si votre père ou mère n'est pas, le/la chef(fe) de cette association, elle subit une pression de vie ou de mort, si il/elle ne parvenait pas à vous livrer dans les temps définis par ce groupe occulte, il/elle serait tué(e). Etant donné que ces indélicats, s'appuient sur cette parole de l'Ecriture ***« Celui***

qui maudira son père sera puni de mort ». Ils espèrent en cela, jouer avec votre conscience pour vous paralyser dans vos actions de défenses ou offensives. J'ai anticipé la notion suivante, mais de bonne guerre.

Si nous sommes dans la logique que ce stylo est à mon père et que le lui restitué n'est pas une mauvaise chose en soi, alors :

Ce que mon père a semé de mauvais en moi (mystiquement) lui est restitué, ainsi qu'aux groupes occultes qui opèrent avec lui, et cela ne pourra plus jamais être rebâti sur ma vie dans le Nom de Jésus (**parole d'autorité**).

Jérémie 31 : 29-30 *En ces jour-là, on ne dira plus : Les pères ont mangé des raisins verts, Et les dents des enfants en ont été agacées.*

Mais chacun mourra pour sa propre iniquité ; tout homme qui mangera des raisins verts, ses dents en seront agacées. **Louis Segond**.

Les parents ont mangés les raisins verts et ce sont les dents des enfants qui sont agacées. On entendra plus ce proverbe en Israël. Or, je suis l'Israël de Jésus, donc les sacrifices fait par mon père concernant ma vie sont annulés et ne seront plus jamais rebâtis, dans le Nom de Yeshua Ha Mashia (**parole d'autorité**).

Je conçois que se sont mes parents, mais, je n'ai pas à payer pour eux, pour leurs fautes. Ils ont de l'âge pour répondre de leurs actes. Par conséquent Lucifer, je ne peux être condamné, ou encore retenu captif pour ces raisons. Donc, dans le Nom de Jésus, je sors de cet imbroglio de sacrifice de ma vie (**parole d'autorité**).

Ou encore, si vous savez ce que vous a volé, votre père ou mère, par révélation, vous pouvez directement :

Je récupère ce que mon père/mère m'a volé spirituellement, dans le Nom de Jésus et cela est immuable dans le Nom de Jésus (**parole d'autorité**).

! Ce cas de figure traite spécialement du père et de la mère, lorsqu'ils sont méchants.

Père Spirituel

Le problème de père spirituel. J'ai rien contre cela, celui que je considère comme le modèle de foi que le Seigneur Jésus a placé devant moi est Terry Macalmon. Si je devais parler de Père dans la foi, je dirai que c'est lui, que le Saint-Esprit m'a demandé expressément d'imiter la foi. Bien que je n'ai pas eu à vivre à Colorado Springs, mais, j'ai suivi Terry Macalmon tout au long de ma croissance spirituelle. Par conséquent, j'ai rien contre la notion de père spirituel.

Le seul, hic, reste le fait de certains gourous embrigadent les âmes derrières ces principes qui pour en parler sont peut-être vrai, mais dont, l'utilisation des termes reflète le banditisme dans l'esprit de ceux qui l'emploient.

Alors qu'est-ce que je propose ?

Les faux pères dans la foi qui ont pactisés avec le royaume des ténèbres pour m'ôter la vie ou me faire tomber dans un scandale sont pris en remplacement de ma personne sur les autels qu'ils ont bâtis contre moi, dans le Nom de Jésus (**parole d'autorité**).

Mieux encore :

Les anciens serviteurs de Jésus qui sont entrés dans des groupes ésotériques et qui m'ont tendu des pièges, sont placés sur les autels qu'ils ont bâtis contre moi, et c'est irrévocable dans le Nom de Jésus (**parole d'autorité**).

Pour ceux d'entre nous qui sont très, voire trop, je vous propose ceci :

Quelle que soit, l'ancien serviteur de Jésus derrière les pactes et les autels dont je suis victime, il est pris en remplacement de ma personne ou de mon esprit dans les pactes et autels qu'il a bâtis contre moi, c'est une loi et un décret dans le Nom de Jésus (**parole d'autorité**).

Pour ceux d'entre nous qui faisons droit, nous créons des situations juridiques nouvelles à ces individus. Donc, ce sont des actes administratifs à caractère juridique. Bien qu'ils soient impersonnels, mais dans le monde spirituel, cela peut être considéré comme tel. ;)

! La particularité de cet adverbe « quelle que soit » est qu'il ne tient pas compte, de la filiation, ou de l'amitié. Il reste fixer sur l'objet à atteindre : l'ennemi. Cet adverbe nous permet de ne pas nous embarrasser avec des filiations, par conséquent nous permet de contourner les problèmes de pères et mères bandits spirituellement, bien sûr ! Ainsi,

Quelle que soit, la personne ou l'esprit humain derrière les pactes et les autels, selon lesquels toutes erreurs de ma part feraient de moi, un agent du royaume des ténèbres, cette personne ou cet esprit humain est pris en remplacement de ma personne ou de mon esprit dans les pactes et autels qui ont été bâtis contre moi, par le canal de cette personne c'est une loi et un décret dans le Nom de Jésus (**parole d'autorité**).

Aussi surprenant que cela puisse paraître, lorsque le royaume des ténèbres veut vous faire la peau, il use de toutes sortes de malices pour y parvenir. Et cette astuce, ne vient que pour pallier cette ruse.

C'est pourquoi, nous le disions plus haut, l'analyse de la situation et la bonne interprétation est le facteur déterminant pour sortir de ces pièges et ruses.

Quelles que soient, les esprits humains qui m'ont intronisé dans des sectes ou fonctions sataniques ou démoniaques, ces personnes ou ces esprits humains sont pris en remplacement de ma personne ou de mon esprit dans les pactes et autels qu'ils ont été bâtis contre moi, c'est une loi et un décret dans le Nom de Jésus (**parole d'autorité**).

Quelles que soient, les personnes ou les esprit humains qui ont contractés des pactes et bâtis des autels contre moi, de sorte que je ne travaille pas, ne fasse rien de bon et que je sois l'esclave mystique de ces groupes de personnes, ces personnes ou ces esprits humains sont pris en remplacement de ma personne ou de mon esprit dans les pactes et autels qu'ils ont été bâtis contre moi, c'est une loi et un décret dans le Nom de Jésus (**parole d'autorité**).

Nous avons contourné, le problème de filiation. Et nous pouvons encore nous améliorer par des lois. N'oublions pas que nous combattons des sectes, donc, tous les membres de ces sectes sont solidaires entre eux. Pour en sortir, la sanction devrait être collective. Du genre :

Loi de mort, sur cette bande de faux pères dans la foi qui, m'ont introduit par ruse dans leur conclave, dans le Nom de Jésus (**parole d'autorité**).

Loi de mort sur le majeur du royaume des ténèbres, dans le pays dans le Nom de Jésus (**parole d'autorité**).

Psaumes 92 : 8 *Si les méchants croissent comme l'herbe. Si tous ceux qui font le mal fleurissent. C'est pour être anéantis à jamais.* **Louis Segond**.

Loi de mort sur ce groupe inconnu qui m'a intronisé mystiquement dans je ne sais quoi dans le Nom de Jésus. Et j'annule ces intronisations dans le Nom de Jésus. (**Parole d'autorité**).

Le groupe occulte qui m'a intronisé dans je ne sais trop quoi, tous les membres de cette secte sont intronisés dans ce à quoi, ils avaient eu à m'introduire et c'est une loi dans le Nom de Jésus. (**Parole d'autorité**).

! C'est assez astucieux, comme moyen de se débarrasser de ces groupes. Il va sans dire qu'un trône ne peut être occupé que par une seule personne. Vous imaginez donc, la cacophonie derrière ce que j'ai fait.

La loi selon laquelle, je devrais m'intéresser à des futilités et non à Jésus et aux intérêts du Royaume des Cieux (sa volonté dans ma vie), je l'annule dans ma vie. Et c'est une loi, dans le Nom de Jésus. (**Parole d'autorité**).

La loi d'avoir le cœur fermé aux études, je l'annule dans ma vie. Et c'est une loi, dans le Nom de Jésus. (**Parole d'autorité)**.

Les lois qui vise à noircir mon cœur à s'appliquent sur les membres de la secte qui l'a voté contre moi ; c'est une loi et un décret dans le Nom de Jésus. (**Parole d'autorité**).

Les lois qui ont été votées contre moi, sur l'écriture des livres s'appliquent sur la secte qui l'a voté ; c'est une loi et un décret dans le Nom de Jésus. (Parole d'autorité).

Les lois qui ont été votées contre les livres que j'écris, s'appliquent sur la secte qui l'a voté ; c'est une loi et un décret dans le Nom de Jésus. (**Parole d'autorité**).

Les lois qui ont été votées contre l'Eglise, s'appliquent sur la secte qui l'a voté ; c'est une loi et un décret dans le Nom de Jésus. (**Parole d'autorité**).

! Si vous remarquez, vous constaterez que nous avons frappé tous les membres de la secte, de ces lois. Et d'une part nous avons frappé la secte des lois qu'elle a lancées contre nous ou l'Eglise. En réalité c'est la même chose, la secte englobe tout ce qui s'y trouve (esprits humains, démons et ustensiles etc…)

REVELATIONS ET ASTUCES

Aspirateur, piquets et main magique.

Alors là, nous sommes sur une découverte des sanctions du royaume des ténèbres, lorsqu'il est question de punir ou d'éliminer un ennemi. Et je les ai particulièrement nommés ainsi, du fait des effets qui se rapprochent à ces mots. Mais, avoir à subir cela, reviendrait à dire que vous avez été capturé par l'ennemi c'est-à-dire, que vous êtes en pacte inconscient avec lui. Car, il va sans dire que si vous savez dans quoi vous avez trempé, pas de raison pour vous de subir tout le reste, si vous pouvez vous en épargner certains effets désagréables. Mais, la technique reste le secret des grands maîtres occultes.

En quoi consiste-t-elle ?

Pour l'aspirateur : Il est question d'aspirer votre esprit en Enfer, avec une telle pression comme un trou d'air dans un avion en plein vol. Les esprits légers y sont facilement, transportables ou aspirés. J'entends par légers qui n'aiment pas la méditation et ne se développent pas.

Les piquets : Ah ! Çà, cette technique consiste à vous affaiblir progressivement, votre esprit est envoyé dans un endroit où, se trouvent des milliers et milliers de piquets taillés pour transpercer, lorsque l'on jette quelque chose dessus avec force. Vos forces s'amenuisent progressivement. Sans l'intervention du Saint-Esprit sous sa facette, d'Esprit de force de l'Eternel, vous perdrez facilement la vie. L'attaque est violente, soudaine. Les effets, vous les ressentez dans votre chair (physiquement).

Evidemment, il faut se défendre face à de telles attaques ou agressions. Et, je me suis amusé à reproduire cette technique contre ceux d'entre eux qui me l'ont faîte, démons y compris. Et ça donne ceci :

Les esprits impurs qui tournent autour de mon esprit, sont envoyés où il y a des piquets, dans le Nom de Jésus (**parole d'autorité**).

Les esprits impurs qui tournent autour de mon esprit, sont aspirés par cet aspirateur, dans le Nom de Jésus (**parole d'autorité**).

Nous pouvons améliorer, cela en disant ceci :

Les esprits impurs qui tournent autour de mon esprit, sont aspirés par cet aspirateur, ***et qu'ils y demeurent*** dans le Nom de Jésus (**parole d'autorité**).

Les autels bâtis sur mon esprit sont détruites, dans le Nom de Jésus (**parole d'autorité**).

Nous pouvons améliorer, cela en disant ceci :

Les autels bâtis sur mon esprit sont détruites, ***et ne serons plus jamais rebâtis*** dans le Nom de Jésus (**parole d'autorité**).

Au-delà du fait que l'ennemi vous hait, et qu'il veuille vous éliminer, une des choses qui le pousse à vous combattre (quand je parle d'ennemi dans cette partie, je fais allusion aux hommes) est qu'il utilise par le biais mystique des grâces et des capacités qui sont vôtres. Et que si vous en sortiez (de ces pactes) il redeviendrait un citoyen l'anda. C'est le pourquoi ces combats sans fins. Je vous propose ceci :

L'ennemi qui travaille avec mon étoile et/ou ma volonté est aspiré, par cet aspirateur dans le Nom de Jésus (**parole d'autorité**).

NB : Ces solutions que je vous partage, ne sont pas des imaginations sorties de mes névroses. Ce sont des solutions pratiques expérimentées personnellement. Mais, dans ces exemples nous sommes dans des cas de figures extrêmes.

Tout mariage avec qui que ce soit, ou avec quoi que ce soit, dans ma vie, appartenant au royaume des ténèbres est annulé et ***ne sera plus jamais rebâti*** dans ma vie ; C'est une loi et un décret dans le Nom de Jésus (**parole d'autorité**).

Ceux qui ont vendus et ceux qui ont achetés mon âme sont placés en remplacement de mon âme sur tous les pactes qu'ils ont contractés contre mon âme ; C'est une loi et un décret dans le Nom de Jésus (**parole d'autorité**).

Les démons qui sont actives derrières les pièges de masturbation, et d'impudicité autour de moi, sont envoyés au piquet C'est une loi et un décret dans le Nom de Jésus (**parole d'autorité**).

Révélation

Je suppose, vous êtes de ceux qui chercher des révélations précises sur votre situations, cela tombe à pic, comme un tropic (Jus) ☺

Car, si vous recevez du Saint-Esprit des révélations sur les différents problèmes par lesquels vous passer, vous devrez les utiliser pour vous en sortir en sanctionnant selon que vous jugiez dans l'esprit, la gravité du problème.

Je vous concède qu'il n'est pas des plus aisés à mettre en mouvement la juridiction divine, néanmoins lorsqu'on en comprend le fonctionnement pas besoin encore de s'embêter.

Les occultistes qui ont bâtis cet autel que je vois en esprit, sont placés dessus en remplacement de ma personne, et c'est irrévocable dans le Nom de Jésus (**parole d'autorité**).

Je peux paraître dur, dans mes jugements. C'est normal :

Psaumes 2 : 12 *Baisez le Fils de peur qu'IL ne s'irrite. Et que vous ne périssiez dans votre voie. Car sa colère est prompte à s'enflammer. Heureux tous ceux qui se confient en Lui.* **Louis Segond**.

Ce qui est révélé est soumis à un jugement *; Un jugement doit être prononcé devant chaque révélation.*

Deutéronome 29 : 29 (a) *Les choses cachées sont à l'Eternel, notre Dieu ; les choses révélées sont à nous et à nos enfants, à perpétuité.* **Louis Segond**.

Là vous constaterez que la révélation de cet autel, m'amène à moins de précision. Car, c'est le Ciel qui vous l'a montré. Par contre celle-ci, ne repose guère sur une vision, mais sur un discernement d'esprit.

Les occultistes qui combattent le projet de Jésus pour cette génération au-travers de ma vie, sont placés sur les autels qu'ils ont bâtis contre ce projet, et c'est irrévocable dans le Nom de Jésus (**parole d'autorité**).

Ou encore :

Les occultistes qui m'ont fermé la porte de l'école (étude), sont placés sur les autels qu'ils ont bâtis contre moi en remplacement de ma personne, et c'est irrévocable dans le Nom de Jésus (**parole d'autorité**).

Les occultistes qui me font errer sur la Terre par leurs pactes et autels, sont pris et placés en remplacement de ma personne sur ces pactes et autels, qu'ils ont bâtis contre moi, c'est une loi et un décret dans le Nom de Jésus (**parole d'autorité**).

Les occultistes qui étouffent ma volonté sont pris et placés en remplacement de ma personne sur ces pactes et autels, qu'ils ont bâtis contre moi et par lesquels ils en sont parvenus ; c'est une loi et un décret dans le Nom de Jésus (**parole d'autorité**).

Les occultistes qui combattent l'Eglise, les saints dans ces églises et les accablent de maux sont placés sur les autels qu'ils ont bâtis contre l'église et ses fidèles de Jésus, c'est une loi et un décret dans le Nom de Jésus (**parole d'autorité**).

! Pour des juristes, ils doivent se dire où est l'utilité de préciser : c'est une loi et un décret, lorsque l'on sait que le décret est supérieur sinon au-dessus de la loi.

Hébreux 6 : 16-18 *Or, les hommes jurent par Celui qui est plus grand qu'eux, et le serment est une garantie qui met fin à tous leurs différends.*

C'est pourquoi Dieu, voulant montrer avec plus d'évidence aux héritiers de la promesse ***l'immutabilité de Sa résolution, intervint par*** *un serment,*

Afin que, par deux choses immuables, dans lesquelles il est impossible que Dieu mente, nous trouvions un puissant encouragement, nous, dont le seul refuge a été de saisir l'espérance qui nous était proposée. **Louis Segond**.

Lorsque j'utilise ces deux termes, c'est tout simplement pour fermer toutes possibilités à l'ennemi de se défaire de la puissance de cette parole. Excepter par la grâce de Jésus notre Seigneur.

Mais d'autres pourraient l'utiliser à leur convenance selon, l'inspiration qu'ils reçoivent du Saint-Esprit. Car, la puissance de Dieu sera toujours au service de Sa volonté.

Nous avons vu, que l'utilisation de groupe ou de sorcier pouvait montrer une certaine limite. Et que nous ne pouvions avoir un résultat certain que si nous remplacions groupe ou sorcier par occultiste. Le résultat étant bien évidemment, dépendant également du fait d'avoir su circonscrire la situation à laquelle nous sommes confrontés.

ASTUCIEUX

Si comme nous l'expliquions dans « **l'Art du Combat Spirituel II** », l'ennemi vous réclame quelque chose, c'est qu'il a obtenu ce droit, soit de vous ; pour certains inconsciemment. Pour d'autres par le biais, d'une tierce personne. Importe !

L'astuce. En quoi consiste-t-elle ?

Eh bien ! Elle consiste à concéder à l'ennemi ce qu'il vous reproche : « que vous êtes en pacte avec lui ».

- Que dis-tu ?

- Je ne me reconnais pas dans cela !

- Oui, et je suis d'accord avec toi, seulement, si tu souhaites t'en défaire, il te faudra être astucieux parfois.

- Ok ! Parles je t'écoute.

Cette astuce consiste à l'accepter, pour le pénétrer. Vous parvenez à le pénétrer du fait que vous vous appuyiez sur **Esaïe 54 : 17** *Toute arme forgée contre toi sera sans effet ; et toute langue qui s'élèvera en justice contre toi, tu la condamneras. Tel est l'héritage des serviteurs de l'Eternel, tel est le salut qui leur viendra de Moi, dit l'Eternel.* **Louis Segond**.

Et comme le Ciel reconnait, la Terre reconnait, les anges reconnaissent ainsi que les démons que je suis connu de Jésus comme étant son serviteur, alors j'y ai droit, à faire appel, à cet article de la constitution Céleste. Voici quelques exemples argumentatifs.

Les personnes avec lesquelles je suis en pacte de vie et de mort, sont tuées ; c'est un décret dans le Nom de Jésus (**parole d'autorité**).

La personne avec laquelle je suis en pacte, financier est tuée; c'est un décret dans le Nom de Jésus (**parole d'autorité**).

La personne avec laquelle je suis en pacte de sang est tuée c'est un décret dans le Nom de Jésus (**parole d'autorité**).

La personne avec laquelle je suis en pacte, et qui est responsable de l'instabilité dont je fais montre à tous les niveaux de ma vie est tuée; c'est un décret dans le Nom de Jésus (**parole d'autorité**).

! Normalement comme je l'expliquais, pas besoin d'en arriver à l'extrême : la mort de l'ennemi. L'objectif de ce livre vise dans un premier temps à équiper l'Eglise dans le combat spirituel. Dans un second temps, pour les occultistes qui s'en procureront de savoir, qu'ils (saints) sont lourdement armés devant leur stratégies démoniaques. Troisièmement qu'ils ont les parades aux différentes agressions dont le royaume des ténèbres a le secret. Quatrièmement, il vise à les intimider.

Je n'exclue guère le fait qu'il y ait des téméraires parmi eux ; mais, ils apprendront ce que je dis à leur dépend (ils en payeront les frais).

A ce propos, je me souviens d'un voisin au quartier qui avait fait confectionner, une note d'information, à l'encontre de tout passant : « ***Si tu veux savoir s'il y a une vie après la mort rentre dans cette maison*** ». Il s'était purement refusé d'écrire comme tout le monde « ***Attention chien méchant*** ».

En poussant, la réflexion un peu plus loin, je comprends qu'il engageait la responsabilité de tout un chacun, à veiller à ne pas rentrer dans sa maison de manière illicite. D'ailleurs le Seigneur de dire :

Luc 12 : 39 *Sachez-le bien, si le maitre de la maison savait à quelle heure le voleur doit venir, il veillerait et ne laisserait pas percer sa maison.* **Louis Segond**.

Donc, les objectifs sont à la portée de tous et chacun de nous pouvons respecter nos lignes. Quoiqu'il serait assez difficile pour nous de rester sur nos bases arrières ; convaincu que celui qui domine impose son règne et ses arrêtés. ☺ C'est cela le fond. Mais, toute autre personne pourrait le modeler selon l'inspiration du Saint-Esprit.

Je pourrais également opter pour cette approche :

Le pacte que j'ai contracté en donnant mon sang à des fins médicales, je l'annule ; c'est un décret dans le Nom de Jésus (**parole d'autorité**).

Le pacte que j'ai contracté en adhérant comme membre à se site de foot, je l'annule ; c'est un décret dans le Nom de Jésus (**parole d'autorité**).

Le pacte que j'ai contracté en donnant mon nom à cet individu, je l'annule dans le Nom de Jésus (**parole d'autorité**).

! Pour certains, les plus jeunes dans la foi, vous vous dîtes : « Mais non ! Nous n'avons jamais pactisé. Je ne peux pas l'admettre ».

Si vous ne l'admettez pas, mais, pour Lucifer ou ses démons la voie royale a été ouverte. C'est pourquoi, bien que le Seigneur Jésus ait été exempt de tout reproche, cela n'a pas empêché Lucifer de sauter sur l'occasion qui lui avait été offerte par Judas. Tant bien même, Judas tenta de se repentir en retournant rembourser l'argent perçu, il ne fit guère attention à ce geste de désespoir. Mais profita largement de l'aubaine qui lui avait été servi par maladresse ou pas de Judas, pour exécuter ses desseins meurtriers. Surtout qu'il a la possibilité de vous traiter comme, il aurait souhaité traiter Dieu ; et cette haine, il l'a déverse sur vous.

Matthieu 27 : 3-5 *alors Judas, qui L'avait livré, voyant qu'IL était condamné, se repentit, et rapporta les trente pièces d'argent aux principaux sacrificateurs et aux anciens.*

En disant : J'ai péché, en livrant le sang innocent. Ils répondirent : Que nous importe ? Cela te regarde.

Judas jeta les pièces d'argent dans le temple, se retira, et alla se pendre. **Louis Segond**.

L'astuce que nous partageons ensemble, nous permet de gagner des années de combats. L'analyse et la bonne interprétation de la situation sont nécessaires pour facilement en sortir grâce à ces astuces. Il faudrait pour cela faire appel au souvenir des moments clés, anodins parfois, voire particuliers de votre vie. C'est là, l'un des points essentiels de la réussite.

Je n'annule, nullement, le reste, cela est nécessaire ; car, au fort du combat vous en aurez toujours besoin de cette compréhension des choses. L'utilisation sera elle dépendante du fait que vous ayez à faire à un vieux briscard ou pas dans le domaine occulte.

Tout ce qui a été bâti mystiquement contre moi (Votre nom et prénom) est détruit dans ces fondations ; c'est un décret et une loi dans le Nom de Jésus (**parole d'autorité**).

Tous les pactes contractés par la taupe, contre ma vie et sa vie, s'appliquent sur cette taupe en remplacement de ma personne ; c'est un décret et une loi dans le Nom de Jésus (**parole d'autorité**).

LA MAIN MAGIQUE :

Je la nomme ainsi : cette attaque. En quoi consiste cette attaque ?

Elle consiste à veiller à ce que la personne qui a été capturée par l'ennemi, ne puissent jamais s'en sortir. En quoi faisant ?

L'ennemi s'assurera qu'à chaque fois, que vous passiez une épreuve en vainqueur, une main écrira sur un document, des épreuves plus dures et complexes, dans le but de vous briser et de vous empêcher à tenter toutes sortes de velléités. C'est comme pour ainsi dire, un nouvel acte établi contre vous et qui énonce toutes les condamnations qu'ils ont arrêté contre votre vie, qui garantit au concerné une descente aux enfers. Comme des épreuves à perpétuités. Le royaume des ténèbres garde cette attaque pour les plus coriaces de ces ennemis qui ont été capturés, grâce à leur malice.

Il faut se rappeler que les décrets et lois votés contre, le royaume des ténèbres et ses agents leurs causent énormément de problèmes. Car, si vous êtes un juste, et que vous vous tenez dans le Vérité votre parole a une grande voire très grande efficacité. Ce qui explique que les assauts de l'ennemi seront plus insistant ; mais si vous ne vous leviez pas également, vous seriez toujours dans des imbroglios sans fin.

Le groupe d'individu derrière cette attaque, de main magique ou de livre de condamnation sur ma vie est placé sur l'autel bâti contre moi et c'est irrévocable, dans le Nom de Jésus (**parole d'autorité**).

La loi selon laquelle, je serai la proie de tout type d'esprit en un lieu quelconque est annulée sur ma vie, dans le Nom de Jésus (**parole d'autorité**).

Lorsque nous prêtons attention, nous remarquerons que la partie précédente traite du cas des sectes : de la possibilité de les sanctionner selon les paroles sorties de nos bouches.

Vous savez, il existe une réelle différence de point de vue sur une affaire quelconque. Prenons l'exemple d'un incendie. Le sinistré, le pompier, et le témoin n'ont pas le même rendu de la situation. Il y a un qui a tout perdu et qui, peut avoir échappé de justesse aux flammes. Il y a un qui risque sa vie dans le feu, pour sauver des vies et sortir du mieux que possible, les meubles ou éteindre le feu. Il y a d'autres qui assistent impuissant à la scène et qui alimentent la situation par leurs commentaires toujours est-il que chacun d'entre eux aura néanmoins de quoi alimenter une revue de presse.

Mais, si nous devions tirer un enseignement de la situation, le sinistré et le pompier auront un témoignage plus poignant, du fait de leur contact avec les flammes. Non pas que le témoignage du témoin est à ne pas considérer. Non, mais celui des deux autres sera empreint d'émotion et de vécu. Je me définirai comme un sinistré qui a la grâce d'avoir aussi l'enseignement et la pratique des pompiers.

Ceux qui ont écrit ce cahier magique, rempli de malédiction à mon égard et le pacte qui me lie à ces derniers, ainsi que les autels qui ont été bâti derrière cela, ces derniers sont pris en remplacement de ma personne sur ce pacte et les malédictions remplis dans ce cahier rempli par cette main magique. C'est une loi et un décret sur ces personnes irrévocable dans le Nom de Jésus. (**parole d'autorité**).

Nous étudierons donc, celle traitant des mondes démoniaques.

MONDE DEMONIAQUE

Une secte repose sur l'organisation d'un monde démoniaque : un sous-royaume du royaume des ténèbres. C'est ce monde démoniaque, qui envoie des démons dans les différentes sectes pour organiser leur travail : atteindre les objectifs qu'ils se sont fixés sur la Terre, au travers de leurs agents. Lever des représailles sur un individu, sur une secte obligera nécessairement le monde démoniaque agissant derrière, à lever une offensive contre vous.

Les batailles contre les mondes démoniaques sont dépendantes, d'un certain niveau de maturité spirituelle et de l'écoute de la Voix du Saint-Esprit ; nous l'avons dit dans notre enseignement que le don du discernement des esprits doit être activé en vous, pour plus de résultats dans votre marche. Détruire une secte peut faire certains dommages au royaume des ténèbres ; mais avoir à détruire un monde démoniaque reviendrait à détruire leur hégémonie dans un secteur où une région. C'est pourquoi, dans cette affaire de royaume on ne s'essaie pas. Les combats, les batailles, les agressions, les peaux de bananes sont très fréquentes à ce niveau. Seuls, ceux du Peuple qui ne font pas abstraction de leur vie peuvent s'aventurer dans ce domaine ; mais pas en tant que touriste, plutôt en tant que conquérant.

Comment cela se passe-t-il ?

Assez simple. Il vous suffirait de libérer des décrets et lois spirituelles contre ces mondes démoniaques ; la difficulté des noms des mondes démoniaques étant contournée par une description, assez claire pour être comprise et exécuté par les saints anges.

Illustrons nos propos :

Dans le Nom de Jésus que soit maudis, le monde démoniaque soutenant l'activité de la reine des côtes (**parole d'autorité**).

Dans le Nom de Jésus que soit maudis, le monde démoniaque opérant dans ce quartier contre l'établissement du règne de Jésus (**parole d'autorité**).

Dans le Nom de Jésus que soit maudis, le monde démoniaque soutenant l'activité de ces esprits qui opèrent autour/contre (de) l'Eglise (**parole d'autorité**).

Dans le Nom de Jésus que soit maudis, le monde démoniaque soutenant l'activité de ces esprits impurs qui opèrent dans l'Eglise (**parole d'autorité**).

Dans le Nom de Jésus **que soit maudis**, le monde démoniaque soutenant l'activité de ces esprits qui joue avec ma volonté (**parole d'autorité**).

Dans le Nom de Jésus **je maudis**, le monde démoniaque soutenant l'activité de ces esprits qui joue avec mon esprit et mon âme, me confondant à un repas ou sacrifice devant faire prospérer l'activité du royaume des ténèbres (**parole d'autorité**).

En faisant, attention au temps des verbes utilisés, nous remarquerons que dans les deux derniers exemples, nous avons les emplois du subjonctif et du présent simple. En nous souvenant de la valeur des temps :

Subjonctif ⟹ volonté ;

Présent ⟹ Position ;

Le présent traduit lui, la fermeté dans cette affaire. Donc, cela est à votre appréciation.

Je maudis le projet du royaume des ténèbres pour lequel, il a tenté de me sacrifier et c'est irrévocable dans le Nom de Jésus (**parole d'autorité**).

Certaines fois, il faudrait faire subir à ces démons leur méchanceté. Si vous êtes confrontés à des agressions type vaudou et même certaines fois autres. Vous pouvez décider de les sanctionner, cela est à votre appréciation :

Dans le Nom de Jésus, que les démons appartenant à la secte qui me transperce soient tous autant qu'ils sont transpercés ; c'est une loi sur les démons de cette secte et décret irrévocable dans le Nom de Jésus (**parole d'autorité**).

Les démons qui composent l'antre où se trouve mon esprit, sont tous transpercés et dépiécés c'est une loi sur les démons de cet antre et un décret irrévocable dans le Nom de Jésus (**parole d'autorité**).

L'antre des serpents qui constitue un océan dans le royaume des ténèbres, est détruit et ces serpents transformés en purée ; c'est une loi sur les serpents de cet antre et un décret irrévocable dans le Nom de Jésus (**parole d'autorité**).

L'antre de Lucifer, situé entre les deux océans, les démons qui composent cet antre sont dépiécés et transpercés sur les piquets c'est une loi sur les démons de cet antre et un décret irrévocable dans le Nom de Jésus (**parole d'autorité**).

Le quartier général de Lucifer, les démons qui composent son quartier général sont dépiécés et transpercés sur les piquets c'est une loi sur les démons de cet antre et un décret irrévocable dans le Nom de Jésus (**parole d'autorité**).

A moins que je ne sois serviteur de Jésus, mais si je le suis, toutes les organisations secrètes occultes, qui m'attaquent et sont responsables des retards rencontrés dans l'Eglise, sont toutes frappées des malédictions qu'elles ont libérées au travers de leurs membres contre l'Eglise ; c'est irrévocable et c'est une loi et un décret sur ces organisation secrète dans le Nom de Jésus (**parole d'autorité**).

! Les décrets et loi ont ceci de terrible : ils collent comme la peau sur le corps. Pour vous petit troupeau, vous n'avez rien à craindre. Mais, pour eux, il n'y a pas possibilité pour ces sectes d'en sortir. Evidemment, il n'y a de salut en aucun autre Nom si ce n'est en Jésus. Et, là nous sanctionnant les démons.

Les démons qui contrôlent les aspects de ma vie, et sont responsables de tous les retards et désordres spirituels que je vis sont dépiécés et transpercés sur les piquets c'est une loi sur ces démons et un décret irrévocable dans le Nom de Jésus (**parole d'autorité**).

Les démons qui composent la maison de mon père sont dépiécés et transpercés sur les piquets c'est une loi sur ces démons et un décret irrévocable dans le Nom de Jésus (**parole d'autorité**).

Les démons qui contrôlent mon étoile, et sont responsables de tous les retards et désordres spirituels que je vis sont dépiécés et transpercés sur les piquets c'est une loi sur ces démons et un décret irrévocable dans le Nom de Jésus (**parole d'autorité**).

! Ceux que nous traduisons dans notre livre, par « Monde démoniaque » est les différents sous royaumes des ténèbres régis par des Dominations-Principautés etc…

Les démons ou esprits qui ont été greffés à mon esprit ou à mon enveloppe spirituelle et toutes autres choses du royaume des ténèbres sont dépiécés et détruis c'est un décret dans le Nom de Jésus (**parole d'autorité**).

Le monde démoniaque agissant derrière les attaques de sang que je vis, est réduit en poussière c'est un décret et une loi dans le Nom de Jésus (**parole d'autorité**).

Le monde démoniaque agissant derrière les attaques de serpent que je vis, est réduit en poussière c'est un décret et une loi dans le Nom de Jésus (**parole d'autorité**).

SANCTIONNER LUCIFER

Pour vous embêter et vous pourrir la vie, lorsque vous êtes un ennemi acharné, coriace, opiniâtre, persévérant le Diable lui-même, peut décider d'avoir votre dossier entre ses mains. Evidemment, tous les dossiers ne sont pas de son ressort, il concentre ses forces sur une catégorie d'ennemi, les héros de la foi ou les hommes, femmes de destinée.

Dans notre livre évidemment, nous traitons uniquement de l'aspect lié aux pièges, ruses et pactes inconscients. Et, non pas, des autres cas qui supposent, que nous ne soyons pas soumis à ces pactes et autels. Mais, que nous puissions uniquement user de notre autorité en Jésus-Christ notre Seigneur.

Comme je le précisai, tantôt, le Diable ou Lucifer, peut décider de se poser en rempart ou couverture des membres de sa secte ou de ses adeptes. Cela est possible. L'objectif visé serait d'évité les morts et les sanctions en catastrophe de ses agents. Bien que, vous soyez et ayez toujours le droit de sanctionner ses adeptes, n'empêche que lui, usera de toute sa malice pour vous empêcher de le faire.

Dans ce cas :

Que l'immunité dont bénéficie Lucifer, lui soit ôté dans le Nom de Jésus c'est une loi sur ces démons et un décret irrévocable dans le Nom de Jésus (**parole d'autorité**).

! L'immunité étant considérée sur le fait, qu'il s'appuie sur l'appartenance à une de ses sectes pernicieuses, ou, d'un pacte établi avec une personne ayant autorité sur nos vies (père, mère etc..) peu importe le moyen par lequel la chose s'est faîte. Ce que je dis est très important, les autres démons peuvent être facilement atteint ; mais lui serait couvert de cette immunité. Donc, si vous avez à le rencontrer privez-le d'abord de cette immunité. Et le reste de sanction pourront l'atteindre ; évidemment sauf, lui couper la tête. ☺

Toutes richesses que le Seigneur Jésus dans Sa grâce m'a accordé, et que Lucifer retient, je les récupère ; c'est une loi et un décret irrévocable dans le Nom de Jésus (**parole d'autorité**).

Mon esprit gardé en captivité dans l'antre de Lucifer sort de cet endroit ; et j'annule les pactes me liant à Lucifer ; c'est une loi et un décret irrévocable dans le Nom de Jésus (**parole d'autorité**).

La vente de mon âme à Lucifer, je l'annule c'est une loi et un décret irrévocable dans le Nom de Jésus (**parole d'autorité**).

Les pactes qui lient la taupe à Lucifer, et qui s'appliquent sur le temple que je suis désormais s'appliqueront sur le temple de la taupe en remplacement de ma personne; c'est une loi et un décret irrévocable dans le Nom de Jésus (**parole d'autorité**).

Si la taupe est morte et que c'est son esprit humain qui est coincé en vous, par des liens dont le royaume des ténèbres a le secret :

Les pactes qui lient la taupe à Lucifer, et qui s'appliquent sur le temple que je suis, désormais s'appliqueront sur l'héritier de cette taupe autre que moi en remplacement de ma personne, qui appartient à cette secte ou, le second en matière de savoir occulte dans cette secte, au cas où il n'y aurait pas d'héritier; c'est une loi et un décret irrévocable dans le Nom de Jésus (**parole d'autorité**).

Que ma langue et ma bouche soient détachées du pacte et des autels qui les lient à Lucifer c'est une loi et un décret irrévocable dans le Nom de Jésus (**parole d'autorité**).

LES PIEDS

Petites parenthèse dessus. Les pieds sont symbole de la progression sociale et de l'élévation. Lorsque, quelqu'un vous tient captif avec vos chaussures ou poussière, c'est que vous êtes condamné à faire du surplace. A moins que vous ne vous dégagez.

Alors qu'est-ce que je vous propose ?

Les lois votées contre mes pieds, au-travers de mes chaussures ou poussière de pieds, s'appliquent sur les membres de la secte concernée, c'est une loi et un décret dans le Nom de Jésus (**parole d'autorité**).

Point aussi important que ce qui précède, le souffle.

Le Souffle

Nous voulons en parler, franchement, je comprends pourquoi l'Eglise, partant les hommes sont si bloqués ou paralysés. Comme disent les anglais : « **It is unbelievable !** ».

J'ai vécu une expérience des plus extraordinaires, je pouvais voir mon souffle sortir de mon être et moi, perdre la vie, durant mon sommeil par la ruse du diable et de ses agents. Pour ceux qui ont lu, la plupart de mes livres, je fais souvent mention des attaques de la parole, des mots qui peuvent sortir de votre bouche, des taupes etc… En réalité, pour être victime de ces attaques de la parole, cela supposerait que vous soyez avant tout posséder par un esprit humain. A priori rien de vraiment grave, pourquoi ne pas le chasser ?

La subtilité dans tout ceci, selon que vous ayez à faire face ou pas à un maître occulte repose, sur le type de lien qui vous lie à cet esprit humain. C'est-à-dire le matériau qu'il va utiliser pour séquestrer vos deux esprits. Et si vos deux esprits sont séquestrés cela signifie qu'ils ont la même voie de parole votre bouche.

Par conséquent, ce que vous détruisez lorsque vous êtes éveillé et en prière, il le rebâti lorsque vous vous en dormez la nuit. L'autre esprit humain pouvant modifier votre vie, en contractant des pactes avec le monde démoniaque. La grâce est que tous ces fils d'iniquités n'ont pas ce savoir, il est la possession d'une certaine classe ; de l'élite du royaume des ténèbres, pour réaliser ce type de blocage. Généralement dans le langage courant, on nomme cela « ***esprit de contrôle*** ».

Donc, pour revenir à mon cas de figure cet esprit m'avait durant mon sommeil tendu ce piège de la parole. Le piège consistant à dire oui dans ce qui m'a semblé non pas être un rêve mais une scène vivante. Et lorsque, je l'ai dit, j'ai pu voir mon souffle sortir de mon être. Et j'ai pu par la suite répondre à l'interrogation de Salomon.

Ecclésiaste 3 : 21 *Qui sait si le souffle des fils de l'homme monte en haut, et si le souffle de la bête descend en bas dans la terre ?* **Louis Segond**.

A la question, le souffle monte et il est de couleur bleu, il peut s'étendre sur des kilomètres, comme lorsque l'on déplie une bobine.

Après avoir vécu, cette scène il m'a fallu dans mon sommeil invoquer le Nom du Seigneur Jésus pour revenir à la vie. Et j'ai compris que je venais également, d'apprendre une nouvelle technique dans la bataille spirituelle.

Lorsque vous êtes liés à ces histoires de sang, de pactes inconscients, de masturbations, de blocages sur le plan social, d'agressions spirituelles. Lorsque vous êtes au niveau deux et trois : celui des sectes et des mondes démoniaques. Lorsque le Ciel, vous a donné son verdict concernant vos ennemis, et qu'il n'y a plus rien à tirer d'eux. Lorsque l'enfer retient votre esprit dans son antre. Il reste une solution en Jésus. Je l'ai utilisé sur certains de mes ennemis sur le plan spirituel. Donc, ça donne ceci :

Que le souffle soit coupé à ces ennemis dans le Nom de Jésus (**Parole d'autorité**).

Vous conviendrez qu'une telle autorité ne peut être donnée à tous, et que si elle était donnée, le recours ne serait justifié que parce que nous accomplissions des buts célestes. Dont, le salut des âmes et la gloire de Jésus y sont au centre.

Voilà, pour cette partie sur le souffle. Pour d'autres, lorsque cela est justifié mettre quelques précisions derrière votre parole d'autorité.

C'est à couper le souffle tout ce que j'ai eu à partager avec vous. Comme nous sommes sur les mondes démoniaques et sectes, nous allons user de stratégies pour nous en défaire.

Je vous propose quelques formules sensées nous faire contourner certaines difficultés rencontrées.

Les organisations démoniaques bâtis sur, ou qui prenne appui sur l'esprit humain d'Ekomi Aboue Jean-Claude Parfait sont maudite dans leur fondation, c'est une loi irrévocable dans le Nom de Yeshua Ha Mashia (**Parole d'autorité**).

Les vies bâtis par le biais des démons, sur, ou qui prenne appui sur l'esprit d'Ekomi Aboue Jean-Claude Parfait sont maudite dans leur fondation, c'est une loi irrévocable dans le Nom de Yeshua Ha Mashia (**Parole d'autorité**).

Les personnes qui ont jurées qu'Ekomi Aboue Jean-Claude Parfait ne réussira pas et qui le tienne captif par toutes sortes de malices et de ruses pour cet objectif et rien d'autres, la source de leur pouvoir et leur secte sont maudite dans leur fondation c'est une loi irrévocable dans le Nom de Yeshua Ha Mashia (**Parole d'autorité**).

La loi selon laquelle, je n'ai pas droit aux bonnes choses et avoir le gout des bonnes choses, je l'annule sur ma vie ; c'est une loi et décret dans le Nom de Jésus (**Parole d'autorité**).

La loi selon laquelle, quelqu'un d'autre exploiterai ma vision par le biais de démons, je l'annule c'est une loi et un décret dans le Nom de Jésus (**Parole d'autorité**).

! La partie réservée au salut des âmes et à la gloire de Jésus, ne peut être exploitée. Seule possibilité pour eux, serait de neutraliser votre esprit pour pouvoir jouir des avantages qui sont destinés à votre esprit. C'est ce que l'on appelle dans ce cas de figure vision.

Ils peuvent par l'action de démons, accomplir uniquement des choses extraordinaires, relative à la destinée de l'esprit humain séquestrer.

Récapitulatif :

Les pensées nous renseignent sur les ennemis qui tournent autour de nous.

Le don du discernement nous permet de lire les intentions de toutes les personnes ou esprits qui nous environnent.

L'analyse de la situation, nous permet de savoir à quel ennemi nous avons à faire face (individu, secte, groupe occulte ou monde démoniaque).

Le jugement ou la sentence en accord avec la volonté du Seigneur Jésus, sous la direction du Saint-Esprit, nous permet de nous en sortir et d'établir le Royaume des Cieux et Sa justice.

CONCLUSION

Félicitation Dieu Tout-Puissant, par Ta puissance tu rends l'ennemi admiratif. Tes assauts donne raison à la Création que rien n'est semblable à Toi. Et que nul ne peut se tenir contre Toi.

Stratège incroyable, Tu défais avec aisance ce que l'ennemi conçoit depuis l'éternité comme piège. Devant la grandeur de Ta droite, l'ennemi tremble ; l'effroi l'habite. Et il s'abaisse pour acclamer Ta divine puissance, pour rendre gloire à Ton Nom, Ton grand Nom, Ton puissant Nom !

Dans l'agitation des ténèbres, Tu demeures stable, imperturbable, inébranlable. Ton assurance procure la paix sur Tes élus, et l'assurance que le Dieu fort et redoutable est avec eux.

Pour ceux qui Te connaissent, quelle que soit la noirceur de la nuit, ils savent que le Soleil de justice se lèvera toujours.

Car, à Dieu soit pour toujours et aux siècles des siècles, l'honneur, la puissance et la gloire dans le Nom glorieux de Jésus. Amen !

SOMMAIRE

DU MEME AUTEUR

- Eglise je veux Te louer ou l'Ere des vrais Adorateurs ;
- Eglise je veux T'adorer ou l'Ere des vrais Adorateurs II ;
- L'Eglise ou Je veux Te servir Jésus ;
- Le Culte de Louange ou l'Ere des vrais adorateurs III ;
- Gouverner ou L'Art de Gouverner I ;
- Gouverner ou l'Art de Gouverner II ;
- Ministère ou Suis-je réellement sage ? ;
- Provision Divine ou la Pluie du Saint-Esprit ;
- Bataille Spirituelle ou l'Art du Combat Spirituel I ;
- Bataille Spirituelle ou l'Art du Combat Spirituel II ;
- Bataille Spirituelle ou l'Art du Combat Spirituel III ;
- Le Jeu ou au Cœur de la Tentation ;
- Psaumes ou Dans Sa Présence ;

Printed by Books on Demand GmbH, Norderstedt / Germany